能源安全、能源消费及污染物排放的评价与空间计量研究

梁 松 高晓龙 王双燕 著

· 北京 ·

内 容 摘 要

在全球气候变暖、世界能源危机的时代背景下，本书对能源安全、能源消费及污染物排放等能源经济问题进行了深入研究，主要内容包括能源安全评价与预测研究、碳排放强度的空间计量研究及节能减排项目后评价研究。

本书内容丰富完善，系统结构清晰；学科交叉融合，理论分析深入；数据资料详实，模型工具科学；理论与实践相结合，具有较高的理论价值与实用价值。本书可供能源经济、能源安全的相关研究人员参考使用。

图书在版编目（CIP）数据

能源安全、能源消费及污染物排放的评价与空间计量研究 / 梁松，高晓龙，王双燕著. -- 北京 : 中国水利水电出版社，2020.10（2024.1重印）
ISBN 978-7-5170-8937-7

Ⅰ. ①能… Ⅱ. ①梁… ②高… ③王… Ⅲ. ①能源经济－研究 Ⅳ. ①F407.2

中国版本图书馆CIP数据核字(2020)第187245号

责任编辑：陈 洁　　**封面设计：邓利辉**

书 名	**能源安全、能源消费及污染物排放的评价与空间计量研究** NENGYUAN ANQUAN NENGYUAN XIAOFEI JI WURANWU PAIFANG DE PINGJIA YU KONGJIAN JILIANG YANJIU
作 者	梁 松 高晓龙 王双燕 著
出版发行	中国水利水电出版社 （北京市海淀区玉渊潭南路 1 号 D 座 100038） 网址：www. waterpub. com. cn E - mail：mchannel@ 263. net（万水） sales@ waterpub. com. cn 电话：（010）68367658（营销中心）、82562819（万水）
经 售	全国各地新华书店和相关出版物销售网点
排 版	北京万水电子信息有限公司
印 刷	三河市华晨印务有限公司
规 格	170mm × 240mm 16 开本 11. 5 印张 220 千字
版 次	2021 年 1 月第 1 版 2024 年 1 月第 2 次印刷
印 数	0001—3000 册
定 价	56. 00 元

前 言

随着世界工业化进程的加快、人口不断的增长，人类对能源的需求量日益增加，能源供应不足已经成为世界性问题，并成为世界经济发展的主要威胁。作为世界第二大经济体，我国经济的快速发展需要稳定可靠的能源体系作为支撑和保障。随着经济的快速发展，我国对于能源的需求与日俱增，能源安全问题逐渐凸显。我国一直以来是以粗放型的经济增长模式为主，这导致经济增长本身需要消耗大量的能源资源，但经济效益产出又比较低，污染物排放量大，我国能源的利用效率低下已经成为制约我国经济、社会、环境可持续发展的主要原因。在我国经济转向高质量发展的时代背景下，系统的研究能源安全、能源消费问题具有较高的理论和现实意义。

本书力图在更加综合和全面的视角下，系统地分析能源安全、能源消费及污染物排放的影响因素，针对性地提出解决能源安全问题、提高能源消费效率、降低污染物排放的对策。具体来说，本书的主要内容分为以下3个部分：第一部分，能源安全评价与预测研究。以河南省为例展开研究，首先分析了河南省能源安全的现状，探究了能源安全的影响因素；然后建立能源安全的评价指标体系，并运用因子分析法对河南省能源安全现状进行了评价；最后根据因子分析法评价的结果，运用广义回归神经网络对河南省未来能源安全的状况进行了预测。第二部分，碳排放强度的空间计量研究。采用空间计量方法对省级区域碳排放强度进行了深入研究，首先对各省份碳排放强度、能源消费量和经济发展水平进行统计分析，并探究了省域碳排放强度的地理分布特征；然后采用 Moran's I 指数分析了省域碳排放强度的空间格局转化与时空跃迁特征；在此基础上，构建了碳排放强度影响因素的空间效应模型，从直接效应、间接效应和总效应考查了各个因素对碳排放强度的影响程度。第三部分，节能减排项目后评价研究。以建筑材料行业为例展开研究，从节能项目建设的整体效益角度出发，探究影响建材行业节能减排项目后评价的因素，构建建材行业节能减排项目后评价的模糊综合评价模型；在此基础上，以 DL 水泥有限公司为样本进行了实证分析。

本书内容丰富完善，系统结构清晰；学科交叉融合，理论分析深入；数据资料详实，模型工具科学；理论与实践相结合，具有较高的理论价值与实用价值。

本书的策划、大纲制定由梁松负责。全书共六章，约计 22 万字，其中：梁松撰写 10 万字；高晓龙撰写 5 万字；王双燕撰写 5 万字；徐青青撰写 2 万字。全书由梁松统筹定稿。

尽管作者做了很多前期的准备工作，但能源经济问题博大精深，受个人水平的限制，书中难免会有疏漏和不足之处，恳请广大读者和专家学者批评指正。

作　者

2020 年 3 月

目　录

第1章 绪论

1.1 研究背景

能源是人类生存与发展的物质基础，它不仅关系到国家的经济发展与安全，也与国家的政治、军事等其他领域安全有着千丝万缕的联系。现如今，人类正在沿着农业社会、工业社会和后工业社会的发展序列向前迈进，随着人类社会的不断发展，能源对经济发展的支撑作用越来越明显。能源安全是牵动着经济、政治、军事、环境、社会5个重要领域的命脉，一旦能源出现危机，牵一发而动全身，国家将会出现不安定因素。目前，中国是世界上人口最多、能源消费量最大的国家，能源安全问题将会成为中国经济和平稳定发展的主要影响因素。

改革开放以来，我国经济持续高速增长，工业化、城镇化进程加快，加之人均能耗逐年增长，能源需求量、消费量增长呈现出前所未有的惊人速度，经济社会发展对能源的依赖性更强。而且，我国一直以来是以粗放型的经济增长模式为主，这导致经济增长本身需要消耗大量的能源资源，但经济效益产出又比较低，我国能源的利用效率低下已经成为制约我国经济社会环境可持续发展的主要原因。

目前，我国正在着力推进工业化改革和城市化进程，处于攻坚阶段，稳定的发展需要大量的能源作支撑，由于技术落后等原因导致能源使用效率低下，污染物排放增加。2007年我国成为碳排放量位于世界首位的国家，超过了美国的碳排放量。国际社会对于我国拥有高速的经济发展却因为发展中国家的身份获得限制性减排的方式提出异议，越来越多的国家认为我国应该承担更多的碳减排责任。在此背景下，2014年，国务院办公厅发布的《2014—2015年节能减排低碳行动方案》，方案指出要约束能源强度、二氧化碳排放以及其他污染物的排放。在节能减排政策的推动下，中国通过技术革新、清洁能源补贴等手段，降低了能源消耗，从而使碳排放强度状况有所改善。然而，中国能源目标和国际水平还存在一定的差距。数据显示，中国的能源消耗水平是世界平均水平的 2 倍，甚至还超过了同是发展中国家的巴西、墨西哥等。2015 年 9 月 25 日，中国第二次明确提出了碳排放强度的目标，并在与奥巴马的联合声明中明确减排目标和建立全国范围内的二氧化碳交易体系的计划。

2015 年，中国对能源的消费达到了世界能源消费的五分之一，总量高达 42. 9 亿吨标准煤。现在中国污染物排放特别是碳排放目标的实现存在着一定的阻力，这跟中国社会现状紧密相关，分别是：第一，能源结构中煤炭比例过重。中国的能源结构呈现出明显的“煤多、油少、气不足”的特点，长时间无法从根本上改变在经济发展中对煤炭的依赖性。特别是，煤炭的本质属性是它的燃烧排放比别的能源都相对较高，根据数据显示中国的碳排放量有 85% 都是煤炭消耗造成的。所以在碳强度目标的达成过程中，应该降低煤炭使用率，提高清洁能源占比。第二，中国技术水平有限，缺乏减排技术创新。与西方发达国家相比，中国近 30 年比较重视的是经济发展，2009 年之后才开始制订低碳减排计划和碳强度目标，所以中国在这方面的技术水平因为缺乏应用和积累导致碳减排成效不是很显著。随着国际压力的不断增长，中国逐渐加大了对开发和研究新能源技术的力度。目前制订的科技计划，如“973 计划”“863 计划”均被加入到对碳排放的技术研发中，当科技支撑计划在技术研发过程中的指导效应达到一定的水平后，将会对中国的碳排放强度目标的实现起到极大的促进作用。另外，还应该重视国际减排中的技术共享、合作减排、经验借鉴。第三，国外一些企业在中国建立工厂，在中国进行产品的生产、加工、运输等活动，也在一定程度上提高了中国的碳排放水平。针对这种情况，中国应该提高国外企业在中国的准入门槛，严格限制高能耗、高污染产品的生产。

在全球气候变暖、世界能源危机的时代背景下，气候环境越来越影响人类的生产生活，世界各国都积极采取措施保障能源安全，提高能源消费效率，降低污染物排放量。本书力图在更加综合和全面的视角下，系统、整体地分析影响能源安全的因素，构建出能源安全评价体系，有针对性地找到能源安全问题的对策；在此基础上，探析提高能源消费效率，减低污染物排放的切实途径。

1.2 研究意义

1.2.1 理论意义

能源是战略资源，具有战略性和基础性的地位，能源安全直接影响到国家安全，能源因素已成为制约世界各国经济持续发展的主要因素。在全球气候变暖、世界能源危机的时代背景下，能源安全、能源消费、污染物排放问题成为各国学者研究的热点。本书在前人研究的基础上进一步系统探索能源领域的相关问题，其理论意义体现在：

（1）进一步探索能源安全评价的理论与方法，对能源系统地进行分析，深入论证能源安全的内涵与影响因素，探索各项因素对能源安全的影响，建立各项指标，完善评价体系，改进评价方法，其理论价值将十分重要。

（2）针对于国内已有的碳排放研究多是采用传统的统计理论经济计量模型，将中国各个省看作是独立的个体，忽视了各省域相互之间关联性的问题。本书在前人研究的基础上采用 IPCC 提供的碳排放量的测算方法结合 GDP 数据得出 2000—2015 年中国 30 个省市自治区的碳排放强度数据，并对其进行空间效应检验，得出中国省域碳排放强度的空间相关性、现状及规律，最后依托中国省域碳排放强度及其影响因素的空间面板数据进行空间模型的建立与估计，从而得出结论。本书不仅仅局限于时间序列分析，而是将碳排放强度的空间效应加入模型的估计和影响因素的空间溢出效应研究中，从而使估计结果更符合碳排放强度现状，为差异化的低碳减排政策的制定提供了依据。

（3）在借鉴现有理论研究的基础上，深入对节能减排建设项目后评价的理论进行研究，完善建设项目后评价指标体系，建立项目后评价综合模型，深化了项目后评价的理论研究，推进了项目后评价理论的应用。

1.2.2 现实意义

目前中国正处于经济转型升级的关键时期，国内能源资源约束日益加紧，国外能源市场不安定成分长期存在，中国能源安全形势不容乐观。一方面，中国粗放型的经济发展方式导致中国能源需求过快增长，能源生产已远远不能满足国内的能源消费需求；同时，粗放型的经济增长模式导致大量的资源浪费以及环境污染问题。另一方面，中国油气等资源对外依存度连年攀升，进口来源地政治不稳定，进口路径风险较大。因此，本书在前人研究的基础上，系统研究能源安全、能源消费、污染物排放问题具有很高的现实意义，将对中国解决能源安全问题、提高能源消费效率、降低污染物排放的实践产生积极影响。

（1）本书探讨了基于因子分析法的能源安全评价体系、基于广义回归神经网络的能源安全预测思路，有助于及时、准确地掌握能源供需变动情况，化解可能出现的危机与矛盾，提高能源供给的稳定性和安全性，为保障能源安全、经济社会安全提供决策依据。

（2）本书运用空间计量方法研究了中国省域碳排放强度的现状及其影响因素，对于降低中国污染物排放的实践具有重要参考价值，为中国制定能源消费政策、污染物排放政策提供参考。

（3）本书系统地分析了节能减排项目后评价指标体系，研究了基于模糊综合评价法的节能减排项目后评价模型，为投资决策者提供了一个可行的评价工具，有助于对项目建设的全过程实施客观的评价，有利于提高管理人员对后评价的重新认识，提高节能减排项目的决策水平，优化项目投资结构。

1.3 文献综述

1.3.1 能源安全

1.3.1.1 国外研究现状

第一次能源危机爆发以后，各国学者开始注重研究能源安全，包括能源安全概念的界定和实证研究。第一次能源危机后，1974 年成立了国际能源机构（IEA）并提出以合理的价格保证能源供应的能源安全概念。美国人 Mason Willrich（1975）最先使用能源安全的概念，认为能源安全是国际政治最关心的问题[1]。White、Joseph（2010）指出能源安全是指在可承担的价格程度上不间断的供应，然而也需要尊重环境的承受能力，定义还指出能源安全包括很多方面，长期能源安全主要是指能源的供应符合经济和环境的需要，短期能源安全是指能源系统要做好应急措施，面对能源供应和需求出现的突然变化[2]。D. Von Hippel（2004）指出能源安全指能源项目能够首先保证国家的生存，其次要能保障国家的福利，再次要能够最小化燃料使用与供给。他还指出能源安全包括五个方面：能源供给、经济、技术、环境、社会和文化，从这五个方面系统构建了能源安全影响的指标体系，着重分析了环境对能源安全影响的重要性。在此基础上，强调了能源政策必须要解决国际和国内（区域和整体）的影响。[3]。Mr. T. L. Sankar（2006）等指出能源安全是指某个国家或者地区能够以一种合理的价格确保能源的可持续供应来满足能源的需求[4]。Mikko Palonkorpi（2007）认为能源安全被广泛地用于学术研究，但是他的概念却是模糊的，往往仅限于经济现象方面。例如，能源安全只是要试图保护能源消费者避免使用的中断，分析因为一些突发事件、恐怖主义、投资不足、能源基础设施不全、能源市场组织缺乏效率等使能源供应面临危机。能源安全还定义为了维持物价稳定和经济增长应以合理的价格确保充足的能源供应。Mikko Palonkorpi（2007）首次尝试把区域安全复杂理论运用到能源安全问题中，并确定能源安全是否应该与已经建立的军事、政治、经济、社会和环境安全并列作为第 6 个领域，还是应该被认为是其他 5 个领域的分支。结果说明能源安全应该作为各领域的分支或者跨领域而不应该独立于 5 领域之外，因为能源是其他部门的必要前提[5]。2008 年世界能源委员会对阿根廷和拉丁美洲区域能源整合进行研究，发现能源危机可以通过区域资源整合得到解决，如果有足够的传输能力 2001 年巴西的能源危机就可以得到缓解，同样的阿根廷的消费者如果有机会消费到来自巴西的能源，那年阿根廷的能源危机完全可以得到改善[6]。Merle Maigre（2010）研究了波罗的海诸国的内部的和外部的能源安全问题[7]。Phinyada Atchatavivan（2012）建议东盟各成员国建立可持续发展的、高效的、清洁的能源尤其是电力供应体系，以期实现经济的长远发展[8]。Frank Umbach（2009）分析了未来的国际能源安全及其对欧盟国家的影响[9]。Daniel Yergin（2006）对国内外能源需求和供给进行评价，以此掌握能源的安全程度。在此基础上，分析了能源安全的一些重要的影响因素，指出能源需求日益增大，生产逐渐集中，导致地区间相互依赖增强，得出结论说能源供应是能源安全的最重要的影响因素[10]。JOULE研究组运用过程分析和计量经济学模型对能源进行长期预测[11]。John V. Mitchell（1996）等认为能源超级大国俄罗斯取得了巨大的地缘政治影响，输送石油天然气到欧洲和亚洲说明了地缘与能源的关系，为了避免灾难，他强烈建议美国要主动与中国合作，将二氧化碳排放量降低，并要发展替代能源，减少能源供应危机，还讨论了能源使用引起的生态环境问题[12]。

此外，由于中国经济发展奇迹现象，对中国各种社会经济问题的探讨也成为国外专家学者关注的一个方向。研究重点之一就是对中国能源安全问题的研究。国际能源机构（IEA）提出，中国天然气处于大发展前期阶段，假如中国能够大量发展天然气，天然气可满足中国2020年能源需求或预计的能源需求的40%。Eric D. Larson等总结了过去几年中国环境与发展合作国际委员会制定的中国未来能源技术策略评估的效果。评价结果显示未来中国在保证国家能源供应和促进环境可持续发展的同时，实现经济社会的发展要采用不同的先进的能源技术策略。Jonathan E. Sinton分析了20世纪90年代中期能源统计中存在的一些问题，分析了出现这种问题的原因主要在于中国私有煤矿发展速度过快，并分析了中国能源消费与经济发展、产业结构、能源利用效率等方面的关系，首次提出了降低中国能源消耗可以从提高能源使用效率、优化产业结构两方面准备的建议。Christopher Flavin和Megan Ryan指出，有三条能源道路可供中国参考：一是继续以煤炭为主要的能源消费种类，重走西方19世纪发展的糟糕道路；二是自主开发或者依赖石油国输入石油发展经济，这种以石油为主的发展道路类似德国或美国；三是走中国特色能源道路，形成21世纪多元化的能源系统，包括提高能源效率，发展新能源、可再生能源，减少中国大幅度环境污染。

总的来看，从实证角度分析是国外专家学者们研究的重点，建立评价指标体系的研究很少。Klare、Michael（2008）在联合国可持续发展委员会理念的基础上，探讨建立了能源可持续发展指标体系，指标体系分为经济、社会和环境3个方面[13]。Diana Gallego Carrera 等（2010）通过经验方法建立能源可持续体系的社会指标集进行评价。该指标集包括能源供应、政治、社会和个人4个方面的26个指标，其中能源供应要求安全可靠，政治因素要求稳定合法，社会和个人面临风险性[14]。总的来说，国外关于能源安全评价体系的研究成果比较少，但是为研究中国和区域能源安全问题提供了借鉴。

1.3.1.2 国内研究现状

（1）国家能源安全研究。2010年中国超过美国成为世界上最大的能源消费国，在能源问题日益凸显的背景下，某些国家关注中国能源问题，刻意渲染中国对国际能源安全的消极影响，因此国内关于能源安全的研究也越来越成为学者关注的焦点问题。吴初国等（2011）从国内资源的保障能力、生产供给能力、国际市场依存能力、国家应急控制能力和环境安全调控能力5个方面选取了10个指标，进行加权分析，确定了中国在现实情况下和遇到能源封锁情况下中国的能源安全度，并预测未来20年中国的能源安全度可以达到较高的水平[15]。房树琼等（2008）认为能源是一个重要的生产要素，重新定义了能源安全的概念，并分析了中国能源安全评价的现状，提出了引入CAS和PSR理论的综合评价体系，比较详细地分析了能源类型，建立了煤炭、石油、天然气的指标体系[16]。郭金栋、王恩元（2010）运用层次分析法建立煤炭安全系统发展度评价模型，对煤炭安全进行评价，发现煤炭运输和能源的使用效率是影响煤炭安全的最重要的两个因素，并在此基础上进行预测，发现未来7年内煤炭安全度呈上升趋势。但从煤炭安全影响的子系统考虑要保证煤炭系统的协调发展才是保障煤炭安全的最主要的途径[17]。常军乾、雷涯邻（2010）分析了影响中国能源安全的因素，运用层次分析法和模糊综合评价法确定了各个影响因素的比重，并对单项指标进行分析评价后得出中国能源综合评价结果为处于基本安全状态。常军乾、雷涯邻分析了影响中国能源安全的因素，运用层次分析法和模糊综合评价方法确定各个影响因素的比重，并对单项指标进行分析评价后得出中国能源综合评价结果为处于基本安全状态；此外，他们还对中国国际能源安全策略引入博弈进行分析，包括中美智猪博弈、中美猎鹿博弈、中印懦夫博弈、中俄囚徒困境，最后分析欧美、印度、巴西、日本的能源对策并提出了中国的保障对策[18]。付峰、张鹤丹等（2006）首次一般性地定义了城市能源安全，并利用国外通用的指标评价方法，建立了适合中国城市能源系统安全评价的指标体系[19]。张生玲（2007）构建指标体系对2000年与2005年中国的能源安全进行评价，观察研究期内能源变动情况，据此提出一系列建议[20]。张丽峰（2006）从三次产业角度分析中国能源供给和需求现状，在能源经济理论的基础上运用灰色系统、系统动力学及向量自回归模型预测中国未来能源供给与需求量，结果发现中国能源供需缺口越来越大。然而通过不同资源之间的替代弹性的分析，提出了适合中国能源可持续发展的能源替代对策[21]。张德胜（2008）从石油经济安全入手，从供给、需求、可持续化3个方面建立安全评价指标体系，为后面的研究奠定基础[22]。迟春洁、黎永亮（2004）建立了评价能源安全的政治、经济、运输、军事、可持续发展5个因素的PSR指标[23]。胡颖铭（2006）首次提出能源安全问题包括3个方面：评价、预测和调控，并分析了影响能源安全的因素，说明建立健全能源安全法律体系的重要性[24]。何平、詹存卫（2005）介绍了能源利用对环境的影响，建立了能源利用的环境安全指标体系，结果显示无论是二氧化硫还是氮氧化物，其计算结果都显示中国的大气环境处于不安全状态；最后又对能源环境安全的政策影响因素进行了分析[25]。郭震（2008）、董璐璐（2009）运用层次分析法进行了指标体系的单目标评价和综合评价：从单目标评价看中国石油对外依存度，逐年上升，并且缺少应急管理机制，从比较矩阵看出影响石油安全的最主要因素是储备度和储采比，消费增长速度也是很重要的因素；从综合评价中看出中国的石油状况正逐年恶化。后者在评价指标中加入了环境因素，结果显示，能源使用对环境影响严重[26,27]。何贤杰、盛昌明等（2011）先从定量角度分析中国能源安全概念背景和现状，建立综合评价指标体系，在此基础上提出了对策和建议[28]。付瑶（2007）介绍了能源安全的基本内涵以及中国能源安全的现状，提出了节约能源并开发新能源，加强环境保护法律约束等政策措施[29]。张明慧、李永峰（2005）通过研究当前中国能源消费现状和趋势，分析技术进步对能源消费的影响，提出技术进步对能源消费的作用是一把双刃剑：技术进步一方面可以提高能源的使用效率，节约能源，还可以不断发现新能源，改善能源消费结构；另一方面促进了中国经济规模的扩张，导致能源消耗量快速增加。不过解决能源安全问题仍然需要依靠技术进步[30]。张磊、郑丕谔定性分析了中国能源安全存在的问题和应采取的应对策略。

（2）区域能源安全研究。孙天晴、马宪国（2007）基于IEA提供的世界各国的能源指标，总结了适合中国能源国情的7个指标，包括能源供应、使用效率、环境变化3个方面。对2001—2004年上海能源体系利用未确知综合评价模型进行分析发现，上海能源综合评价结果较好，只是评价结果有逐渐下降的趋势[31]。张琳、何炼成（2010）运用协整检验和面板单位根方法，研究了中国区域经济增长与能源消费的关系。研究结果表明，两者之间的关系空间分布上存在明显差异，能源消费量大的区域不全是经济快速发展的区域，经济快速发展的区域产业结构合理能耗水平相对也比较低。因此张琳、何炼成提出调整各区域三次产业结构、优化能源消费结构是促进区域之间能源合作、实现经济协调发展的有效途径[32]。沈镭、刘立涛等（2010）运用复杂性科学的方法和模型，提出了基于人－地关系的区域能源安全复杂性框架模型。实证分析显示，沿海和长江中游地区是能源最不安全的区域；能源较不安全的区域散布于东中西地区；区域能源安全区主要分布于西部的青海、宁夏、四川、贵州和云南5省（自治区）；而区域能源富裕区则集中分布于“三北”地区[33]。周婧、贺晟晨等（2011）用系统动力学（SD）的理论和方法，建立了苏州市经济—能源—环境系统的SD模型，并把能源结构和环保投资作为调控参数，设计了4种发展模式仿真运行。研究结果表明，通过能源结构的调整，只需要增加区外能源的购进，便可促使环境质量明显改善，进而实现社会经济发展的良性循环[34]。王雪珍（2008）从经济社会和环境3个方面构建评价体系，用层次分析法对上海能源安全进行评价，并且首次采用对比参照的形式，参照香港和北京以此来分析问题提出对策，实现了横纵方向全方位的评价研究[35]。王忠诚、李宁等（2011）从能源与经济、人口、环境3个方面建立评价指标，利用因子分析法对江苏省1990—2007年18年的数据进行研究，结果显示江苏省能源安全整体水平在下降，而江苏省能源安全的主要影响因素是人口因素[36]。王默玉和魏佳等（2010）从能源供应、结构、环境与经济4个方面建立指标，运用层次分析法对横向的北京近5年的趋势进行评价，将北京与其他地市能源安全状况的进行对比评价，基于结果提出提高北京的能源供应能力要优化能源结构[37]。张艳、张德会（2011）利用因子分析法从动力、压力、状态、影响和响应（DPSIR）5个方面建立指标体系，定量分析了东部沿海区域的能源安全，并且对不同情况下的能源安全发展趋势进行了预测，从而为政策制定者在制定本区域能源战略时提供参考[38]。孙天晴、郑一等（2010）首次将评价指标体系的权重由模糊综合评价来进行确定[39]。付林、郑忠海等（2008）根据能源需求的时间分布和空间动态的特性分析，提出综合规划城市燃气、热力和电力等能源基础设施系统的建议，并通过对城市能源系统的仿真模拟，综合评价了城市能源系统[40]。张明慧、李永峰等（2005）通过与其他国家进行能源管理体制进行对比发现中国能源管理职能弱化、部门之间缺乏协调、能源年统计资料不完善等问题严重影响着中国能源产业发展，影响着中国能源战略的制定与实施，并据此提出了完善措施[41]。

由以上分析可知，能源安全问题越来越成为国内外研究的重点，随着经济全球化的进一步发展，能源安全的概念也在不断完善，能源安全的研究从侧重经济体制等定性分析，逐渐与各学科进行交叉研究。近年来，随着区域一体化的深入发展，区域能源安全也越来越成为专家和学者研究的重点。本书以河南省的能源安全为研究对象，通过分析河南省能源安全的现状，结合其实际状况，选用具有针对性、全面性的指标，分析河南省能源安全程度。

1.3.2 能源消费

自从20世纪70年代开始，有关能源消费的理论问题已经在国内外的学术界受到了广泛的关注。在过去的几十年中，能源研究的学者在能源消费的研究领域中取得了长足的进展，本书从研究方法的角度对能源消费研究的文献进行综述。

1.3.2.1 分解分析方法

分解分析方法是近年来在能源消费研究方面的常用方法，包含两种具体方法：一种是结构分解分析方法（structure decomposition analysis，SDA），另外一种是指数分解分析方法（index decomposition analysis，IDA）。

（1）结构分解分析方法。在结构经济学理论发展的同时，引入投入产出方法，在对于能源消费的研究中运用比较多的结构分解分析方法是投入产出方法，这项方法是由 Leontief（1971）[42]第一次提出的。在20世纪80年代有能源研究的学者运用投入产出方法来对能源消耗问题进行分析研究，Gould 和 Kulshreshtha（1986）构建了投入产出的模型，以1974—1979年加拿大某省的能源使用及其变化情况为样本进行了分析与研究[43]，继而得出了最终对需求的增长是该省能源消耗增长的重要影响因素的结论。Gowdy 和 Miller（1987）创建出一种分解分析方法，对美国在1963—1977年促使能源使用量发生变化的影响因素进行阐释[44]。之后还有 Mukhopahyay 等（1999）[45]以印度的能源消费变化为样本进行了结构分解分析，Michiel 等（2003）[46]以不同国家的能源消费变化为样本进行了结构分解研究。

近年来也有能源研究学者选取结构分解分析方法来研究中国能源消费问题。Lin 等（1995）[47]和 Garbaccio 等（1999）[48]选取了结构分解分析方法以中国的能源消费和能源强度变化为样本进行了研究分析。Zhang（2009）[49]通过构建结构分解模型将中国在1992—2006年的CO_2排放强度的变化情况分解为碳排放系数、能源结构、能源强度、投入结构、产品结构和分配结构6个驱动因素。这项研究指出：在这段时间CO_2排放强度有了显著地下降，影响其下降的主要因素包括能源结构、能源强度、投入结构和产品结构的变化，在这4种影响因素中能源强度的影响最大，其余因素促使CO_2排放强度的下降速度趋于缓慢。需要注意的是，这项研究选取的数据只是2002年以前的，2003—2006年的数据是该文献的作者推测得出的，不是真实发生的数据，所以，这项研究的准确程度有待进一步确认。Zhang（2010）[50]的另外一项分析研究是站在供给的角度上来探究中国的CO_2排放问题，研究中选取了高斯投入产出模型和Dietzenbacher和Los（1998）构建的结构分解模型[51]，Zhang（2010）把影响中国的CO_2排放量变化的因素分解为经济活动、经济结构、需求分配结构和碳排放系数4种驱动因素，进而得出是经济活动和经济结构因素增加了中国CO_2排放量的结论。Peng和Shi（2011）分析了1992—2005年中国CO_2排放的问题[52]，进而选取结构分解分析方法把影响CO_2排放量变化的因素分解为排放强度、技术、最终需求和贸易4种驱动因素，而且得出是由于最终需求和技术的变化导致了这段时间中国的CO_2排放量增加，排放强度则降低了CO_2的排放速度，贸易因素的影响并不明显的结论。Xia等（2012）选取两极分解模型的乘法形式以中国在1987—2005年的能源强度为样本进行了结构分解分析研究[53]。在这项研究中，影响能源强度的因素被分解成能源投入系数、里昂惕夫系数、最终需求的产品结构、最终需求类型和最终能源消耗5种驱动因素。分析指出，中国能源强度在1987—2002年持续降低，这是由于合理优化了一些产品的能源投入组合；然而，2002—2005年中国能源强度却在一定程度上有所上升，技术变化是影响能源强度由降低到上升的主要因素，在这项研究中主要体现在里昂惕夫逆矩阵发生的变化。

（2）指数分解分析方法。在二十世纪七十年代末，指数分解分析方法第一次被引入来分析有关能源消耗的结构变化问题。在二十世纪八十年代，Laspeyre指数的分解分析方法得到了普遍运用，到了二十世纪九十年代，Divisia指数的分解分析方法得到了能源研究学者的青睐，逐步成为运用最普遍的指数分解分析方法。与结构分解分析方法相比较，指数分解分析方法仅要求分析各部门的数据，特别适用于包含时间序列数据并且影响因素较少的因素分解分析。总之，指数分解分析方法比结构分解分析方法更加便于操作且更加简单，所以，指数分解分析方法在有关能源消费的研究领域应用更加普遍。

但是，上面所提到的两种指数分解分析方法本身都在一定程度上有不足。Ang 等（2004）[54]创立的广义费雪指数法（GFI）对上面两种指数分解分析方法取了折中，这样就可以在很大程度上弥补以上两种方法的不足。并且，Ang 等（2004）还将广义费雪指数法与另外的 5 种常用的指数分解分析方法（即 Laspeyres 指数、Passche 指数、算术平均 Divisia 指数、对数平均 Divisia 指数法Ⅰ和对数平均 Divisia 指数法Ⅱ）综合在一起进行了对比研究，还对这 6 种指数分解分析方法单独进行了因子互换检验、时间互换检验、比例检验、总量检验、零值稳健检验和负值稳健检验，由最后的检验结果看出广义费雪指数法只在总量检验中没有通过，而其他的 5 种指数分解分析方法都有至少 2 个检验没有通过。由此可以得出，广义费雪指数法有良好的因素分解特性，可以成为进行因素分解的最优方法。现在国内已经有少数的能源研究学者选取广义费雪指数法对能源消费和碳排放做因素分解分析研究，其中有：李国璋等(2008)[55]、方伟成等(2013)[56]、田立新等(2011)和范丹等(2012)[57]。

1.3.2.2 对数均值迪氏分解法

目前，国内外有很多能源研究学者在对能源消费的因素分解进行研究，除了上面提到的方法，还有很多能源研究学者选取不同指数分解分析方法对能源消费问题展开探究，Ang（1994、2004）在对指数分解分析方法的比较分析中得出 Divisia 指数分解分析方法是效果最好的方法的结论[58,59]；Ang（2005）在之前的基础上选取对数均值迪氏分解法（logarithmic mean divisia index method，LMDI）对能源问题进行分解分析的应用指导研究[60]，在这项研究之后，LMDI 成为最受能源研究学者喜爱的指数分解分析模型，使用人数也随之上升，在有关能源消费的研究领域应用更加普遍，如 Zhang（2003）[61]选取 Laspeyres 指数分解法以中国工业部门能源消费量变化为样本对影响其的效应进行分析研究；Ma 和 Stern（2008）[62]选取 Divisia 指数分解法以引起中国能源强度变化的因素为样本对其进行了分解分析研究；Hatzigeorgiou 等（2008）[63]、Fisher - Vanden 等（2004）[64]、Achão 等（2009）[65]、Zhang 等（2011）[66]、Zhao 等（2012）[67]也采用 LMDI 指数分解分析模型对能源消费问题展开了深入探究，在这些研究中有部分研究是对于特定部门的分解分析，如 Achão 等（2009）、Zhang 等（2011）、Zhao 等（2012）的相关研究；而其余更多的是对于宏观经济的分解分析。

Wang 等（2005）选取对数均值迪氏分解法以中国 1957—2000 年间的 CO_2 排放为样本做了分解分析研究，指出能源强度是降低碳排放量的主要因素，能源结构在一定程度上有影响作用[68]。Ma 和 Stern（2007）以中国 1971—2003 年间的 CO_2 也选取了近似的方法进行了分解分析研究，这项研究的创新之处在于能源结构中引进了生物质能这一影响因素，研究指出由于生物质能所占比例的降低对碳排放量降低起到了促进作用[69]。徐国泉等（2006）采用 LMDI 方法构建了影响中国人均碳排放的因素分解分析模型，并且以 1995—2004 年间能源结构、能源效率和经济发展等因素的变化为样本定量研究了对中国人均碳排放量的影响，研究指出社会经济的发展对于促进中国人均碳排放量的贡献率呈现指数增长趋势，且能源效率和能源结构对于抑制中国人均碳排放量的贡献率均呈现倒 U 形[70]。刘红光等（2009）选取 LMDI 法以中国工业能源碳排放量为样本做了因素分解分析研究，研究指出致使中国碳排放大量增加的主要原因有 3 个，其一经济总量的增长，其二能源利用效率低下，其三以煤为主的能源消费结构[71]。宋德勇（2009）选取了“两阶段”LMDI 因素分解分析法，把能源碳排放分解成产出规模、能源结构、排放强度和能源强度这 4 个方面，继而对降低碳排放的重要因素——能源强度再次进行分解分析研究[72]。郑慕强（2012）在完全因素分解模型的基础上，以东盟五国在 1971—2007 年之间的能源消费量与碳排放量为样本对其影响因素做了分解分析研究[73]。

1.3.2.3 灰色关联分析方法

自中国能源研究学者邓聚龙在 1982 年创立了灰色系统理论[74]以来，灰色系统理论的方法也一步步被引入到中国的能源消费研究领域。尹春华等（2003）[75]、樊艳云等（2010）[76]选取灰色关联分析方法对中国的产业结构与能源消费做了关联分析，研究表明了第一、二、三产业及生活用能与能源消费的关联度。张路蓬等（2011）[77]运用灰色关联法建立了分析模型，以中国各产业能源消耗与能源消耗总量为样本对关联度做了实证分析。曹昶等（2013）[78]以2000—2011年上海市碳排放与经济增长、人口规模、能源结构、产业结构、能源强度为样本分析其关联度，继而选取由正弦函数变换的GM(1,1)模型对上海市2012—2015年的碳排放量做了推测分析。Wang等（2014）[79]使用灰色关联分析方法以北京市碳排放与产业结构、能源强度、城市化水平、经济增长水平和人口规模等相关影响因素为样本对其进行了关联分析，选取GM(1,1)模型对北京市2014—2016年的碳排放进行了推测分析。王永哲等（2016）[80]以吉林省2000—2012年能源消费人均碳排放量与能源消费价格、能源消费结构、能源消费强度、经济发展水平、产业结构和城市化水平等因素为样本对其进行了关联度分析研究，推测分析了2016—2018年吉林省的人均碳排放量。

从已有的整个研究现状来看，国内外能源研究学者选择不同的分析方法研究能源消费的影响因素，并且在过去几十年取得了显著效果，但是，能源消费研究领域的具体方法依旧存在局限性，有待进一步发展。

1.3.3 污染物排放

在各类污染物排放中，碳排放尤为显著，体现在近些年，雾霾天气等环境问题逐渐引起了人们的重视，保护环境和实行低碳经济逐渐成为主流话题，人们在这方面的呼声也越来越高，环境污染和大气防治引起了许多学者的关注[81]，大气中温室气体的预防与治理的研究多集中在碳排放方面。目前，国内外对碳排放的研究主要集中在以下3个方面：其一，对碳排放总量测算的研究。不同学者对碳排放总量测算角度不同，没有统一的标准，因此中国也没有直接可查到的碳排放数据。其二，碳排放影响因素研究。我国学者一般从规模效应、结构效应等角度出发进行因素分解来研究碳排放强度的驱动因素，从而提出对实施低碳经济方面的实质性结论建议。其三，对碳排放强度的研究。降低温室气体排放就要减少化石能源的使用，特别是中国的煤炭依赖性的发展模式，如果降低煤炭的使用势必会对经济发展造成冲击。如何在碳减排目标和经济增长目标的矛盾中寻求双赢的局面？在这个问题的推动下产生了碳排放强度的概念，也引发了一众学者对碳排放强度及其影响因素的研究。

1.3.3.1 碳排放总量的测算研究

目前主流的碳排放测算方法主要有以下两类：

（1）碳排放系数法。这是一种基于能源消费量的测算途径。因为中国没有直接公布碳排放量的可查数据，而国际上也并没有形成统一的测算方法，因而学者凭借碳排放的基本来源——各类化石能源的消费来进行碳排放总量的估算。能源消费碳排放总量的测算方法主要有：一是实际测算法，即对各种主要能源（煤油、石油、焦炭、天然气等）耗损过程中所排放出的碳总量进行测量，计算得出各能源的碳排放系数，进而将此系数作为碳排放估算的一种依据。这种实际测算的方法大多用于某个城市小范围的测算，比如芝加哥、首尔等都采用这种方法对本城碳排放量进行过估算[82]。二是碳排放系数法，该方法是对实际测算方法的延伸，通过已知的某能源排放系数，结合该能源消费总量对碳排放总量进行估算。目前国内外大多数学者均采用这种方法来进行研究过程中基础数据的估算。Cheng（2014）采用已知 8 类重要化石能源的碳排放系数，结合国际标煤折算标准，计算得出能源碳排放总量的估计数据[83]。吴玉鸣等（2013）基于煤炭、石油、天然气三类能源消费量结合“十一五”期间发改委能源研究所提供的碳排放系数对碳排放总量进行了估算[84]。马军杰等（2010）采用徐国泉的改进了的碳排放量分解模型的算法对省际碳排放总量进行了估计[85]。三是数学模型估计法，如 ERM - AIM/中国能源排放模型、LOGISTIC 模型、MARKAL 动态线性模型等。也有用美国橡树岭国家实验室（ORNL）1990 年提出的化石能源燃烧排放量的估算方法[86]。

（2）投入产出法。Wyckoff、Roop（1994）将投入产出方法和 6 个经济合作与发展组织中的国家 1984—1986 年进口商品交易数据相结合，研究了进口商品中的隐含碳含量，结果表明进口商品中的隐含碳是观察期内碳排放总量的 13%[87]。基于以上研究，Ahmad、Wyckoff（2003）用同样的方法拓宽了研究对象的范围，从 6 个经合组织国家增长到了 24 个，结果显示这 24 个研究对象的商品隐含碳含量和中国、俄罗斯两个国家的出口净碳排放总量相当，占全体经合组织国家碳排放量的 5%[88]。Munksgaard、

Klaus 等基于研究人员的社会责任，用丹麦的投入产出表测算了丹麦1989—1994 年的 CO_2排放总量，结果表明由于对国外的依赖性较大导致丹麦想要达到减排目标更加困难[89]。周新（2010）研究了中国和其他9个国家的进出口贸易中的隐含碳，多区域的投入产出分析结果表明中国是最大的隐含碳净出口国[90]。不同于周新的是，马述忠（2010）等运用的是单区域投入产出模型[91]。

1.3.3.2 碳排放影响因素的研究

随着碳减排逐渐成为国际性热门话题，众多学者慢慢把研究的热点从碳排放量的研究转移到碳排放影响因素的研究上来，采用不同角度不同的方法研究碳排放的动因，以寻求有针对性且科学有效地减少碳排放的措施。Ang、Zhang 等（1998）研究了 1990 年之前 5 年的工业碳排放，证明了工业部门产出总量的变化会促进二氧化碳排放的增长，而能源的使用效率的变化则对碳排放起到抑制作用[92]。Liu、Fan 等（2007）研究了中国工业分行业 1998—2005 年碳排放现状，证明了经济发展水平和能源消费与碳排放量发展趋势基本一致，呈现出促进作用，而产业结构的调整会改善碳排放状况[93]。徐国泉等（2006）研究了中国人均碳排放的内在影响因素，结果表明中国的能源使用效率随着社会发展对碳排放的抑制作用正在逐渐下降，经济规模扩大带来的碳排放的增长效应远远大于能源使用效率提高和结构优化对碳排放的抑制效应[94]。孙健卫等（2010）研究了 1995年之后 10 年的碳排放，识别出了技术进步的关键作用，并指出技术进步是未来低碳减排的主要依赖手段[95]。后来，慢慢有学者将人口因素作为碳排放的影响因子加入研究。其中最经典的是 Ehrlich、Holdren 提出的 IPAT 模型。该模型的方程为 $I=PAT$，4 个字母依次代表环境压力、人口数量、人均收入和技术进步，认为 P、A、T 三个指标是环境压力 I 的影响因素。丁胜等（2014）也采用该模型定量分析了长三角区的碳排放驱动因子，研究证明人口和 GDP 增长对碳排放的促进作用明显强于能源使用技术进步和能源结构优化对排放强度的抑制作用，但是能源结构优化能够缓解因人口和GDP 增长带来的碳排放的增加，且技术水平和结构优化的降低排放的效果慢慢变好[96]。宋晓晖等（2012）也采用分解法研究碳排放的影响因素，结果表明以人口众多为特点的中国和印度，人口成为主要的影响因素，而美国和日本作为发达国家，经济发展水平较高，反而财富经济水平成为了主要影响因素[97]。肖宏伟等（2013）分析碳排放的直接和间接影响因素，结果表明：各规模因素都能直接或间接地影响碳排放[98]。在前人研究的基础上，秦军等（2014）对江苏省2000—2011年的统计数据进行了基于kaya恒等式的灰色关联分析。结果显示煤炭与碳排放量的关系值约等于1，原油消耗量、经济发展水平及人均经济发展水平的关系值次之，人口和天然气关系值最小，灰色关联原理是关联度越小影响程度越低，所以得出江苏省需要进行能源结构的优化，逐渐摆脱对煤炭的依赖性[99]。

1.3.3.3 碳排放强度的研究

碳排放强度是指每单位国民生产总值的增长所带来的二氧化碳排放量。碳排放强度指标相对于碳排放指标其构成和影响因素更复杂，并能兼顾碳排放量和国民经济，这样一个符合中国经济转型升级和大气防治社会背景的指标，引起了相关学者的极大研究热情，发表了很多研究成果，具体来说对碳排放强度的研究主要集中在区域差异、影响因素及其预测演化。

刘华军（2012）等重点针对碳排放强度的地方差异性问题进行研究，方法采用的是基尼系数，该研究的结果证明了碳排放强度的区域之间差别确实是由于区域单元本身的经济、技术等的差距造成的，差别越大，碳排放强度水平相差越大，且就中国目前的碳强度现状来说，这种差距越来越明显[100]。孙耀华等（2012）采用Theil指数法的研究也得出了同样碳强度区域差异增大的结论，且表明碳排放强度正逐年下降[101]。但是，岳超等（2010）采用与孙耀华同样的方法对省级碳排放强度进行差异分解，得出的结论与前者不同，岳超的结果表明省际碳排放强度的差异并不明显；他还把中国各省按照经典的东、中、西三大块划分法进行研究，结果显示区域内部造成的碳强度差异比区域之间作用明显[102]。潘家华等（2011）也基于三大块的地理划分结合Theil指数进行了研究，但他的研究对象是碳生产率的区域差异，结果显示东、中、西三部分的差异演变并不一致，西部差异逐渐扩大，东部差异持续缩小，而中部地区的差异则出现先大后小的现象，但差异原因与前者结论类似，来自内部差距[103]。Sather 等（2011）针对以往学者的研究，分别采用基尼系数、变异系数和泰尔系数研究了中国东、中、西三部分的碳强度差异，结果表明这种差异并不显著，这个研究结论与前面的研究相冲突[104]。胡渊等（2016）采用不同的方法研究与前人相同的内容，认为区域内部之间的差异性才是造成碳排放强度在区域之间存在差异的主要原因[105]。

Wu 等（2013）对碳排放强度驱动因子的研究结果表明结构化因子（工业结构和能源结构）对碳排放强度的影响比重接近 80%，所以得出了未来实现碳排放强度降低的主要途径为结构优化[106]。李建等（2012）针认为产业结构中，第二产业对碳排放强度的影响程度最大[107]。朱聆和张真（2011）认为通过提高产业部门的能源使用效率、降低能源使用强度能够有效降低上海市的碳排放强度水平[108]。刘广为等（2012）验证了影响因素对碳排放强度贡献程度大小以及影响因素的稳定性，其中贡献程度由大到小分别为第三产业比重、能源强度、能源结构[109]。

国家发展改革委员会运用 LAEP 模型预测了中国未来能源消费碳排放[110]。2006 年，刘殿海等（2006）预测了中国在 2010 年的污染物排放和能源消费情况，这个研究结果对当时的中国进行环境治理政策制定和生产控制转型有一定的参考价值[111]。胡渊等（2015）依托于自组织理论对碳排放与 GDP 进行演化分析，得到了中国到 2020 年碳排放强度比 2005 年下降 46.18% 的结论[112]，这个结论与中国 2009 年第一次的碳排放强度相契合，截至 2018 年，中国实际碳排放强度比 2005 年下降 45.8%，证明了胡渊预测方法的科学性。李虹等（2016）为了避免结果的偶然性，设置了 32 种减排情景，在这些减排情境下预测 2020 年的碳排放强度，结果识别出未来实现碳强度目标的首要因素为产业结构的优化[113]。赵桂梅等（2017）表明低水平和中低水平正逐渐成为中国碳排放强度的常态，并且有针对性、科学地提出了根据省份差异建立不同区域有重点的碳强度空间预警决策系统[114]。赵成柏等（2012）的预测结果显示尽管未来 10 年碳排放强度会有所下降，但到2020年我们无法达到预设的40%～45%的目标，按目前的发展状况中国只能完成到34%，存在着6%～11%的差距[115]。实际数据显示，截至2018年，中国实际碳排放强度比2005年下降45.8%，已提前完成了2020年碳强度下降40%～45%的目标，说明赵成柏的预测有很大的误差。Blanford等（2008）和岳超等（2010）采用不同的模型方法分别对2030年和2050年的碳排放强度进行了科学的预测[116,117]。

随着空间计量经济学应用领域的不断扩大，不少学者考虑把空间效应加入到对碳排放强度的研究上。冯彦（2017）等研究了产业结构对中国省域碳排放强度的影响，结果表明中国碳排放强度存在显著的路径依赖，且产业结构中交通业、工业和建筑业回归结果最为显著[118]。付云鹏等（2015）参考IPCC公布的碳排放量的估计形式，联合基于2000年不变价的GDP得到中国30个省市自治区的2000—2012年的碳排放强度数据，并检验了中国省域碳排放强度的空间效应及其影响因素，结果表明中国省域碳排放强度存在明显的空间自相关，碳排放强度的主要影响因素是人口结构、能源强度、能源结构和产业结构[119]。冯宗宪等（2014）利用全局空间性相关指数和局域空间自相关指数对中国2001—2012年的碳排放强度的空间集群效应进行分析，研究表明，全国范围内的省域碳排放强度存在明显的空间集群效应，并提出引导产业转移、优化产业结构和发展新能源的碳减排建议[120]。

通过对碳排放及碳排放强度相关文献进行梳理发现，目前学术界对碳排放问题的研究仍有待补充，主要包括如下几个方面：

（1）对碳排放或者碳排放强度的研究大都基于时间序列分析或者基于普通面板数据模型，假设研究对象所在的单元与其相邻单元完全无交流，相互独立存在。但实际上，社会发展存在经济、资源与信息等方面的沟通，这就无法保证研究假设的成立，所以研究结果有待考证。空间分布效应的存在会使得地理位置相对较近的单元研究属性较相似，相反，地理位置较远的单元相互之间的影响程度较弱，相似性较差。基于此，进行省域碳排放强度的研究时，有必要将空间交互效应纳入模型中进行分析。

（2）对碳排放强度影响因素的研究多集中在能源消耗、经济上升和人口等规模因素上，过度考虑如何通过抑制规模因素对碳排放强度降低的促进作用，研究视域较为局限，亟需找出抑制碳排放强度增长的其他驱动因素，比如技术创新、带外开放水平等，可以通过提高或加强区域在这些方面的实施力度来正面降低碳排放强度。

（3）从现有文献来看，对碳排放问题的研究大都着眼于国家层面，或者采用东、中、西部和八大块的地理分块法，少数有从省域层面来研究的。但是，作为世界经济第二强国的中国，地域跨度大，从整个国家层面研究的结果并不能很好地适用于每一个省份，因而根据以国家为背景的研究结论制定的政策在各省份执行时就失去了其期望效用。中国各省份经济、政治、文化等各方面都存在着不同程度的差异，在进行碳排放强度的研究时有必要考虑空间效应，深入各省市，做出有针对性的政策建议，从而为中国碳减排目标做出贡献。

1.4 研究内容与方法

1.4.1 研究内容

本书力图在更加综合和全面的视角下，系统整体地分析能源安全、能源消费及污染物排放的影响因素、评价体系，在此基础上，针对性地提出解决能源安全问题、促进能源消费效率、降低污染物排放的切实途径。具体来说，本书的主要内容含以下三部分。

1.4.1.1 能源安全评价与预测研究

以河南省为例展开研究，首先在界定能源安全的概念内涵及其属性，总结河南省能源形势以及能源消费特征的基础上，总结概括了影响河南省能源安全的因素；然后根据指标设计的原则，建立了河南省能源安全评价指标体系，并选择符合本书研究的样本，运用因子分析法对河南省能源安全进行了评价；再次根据因子分析评价的结果，将“十三五”期间的能源规划数据运用广义回归神经网络（GRNN）预测河南省未来三年能源安全的状况，分析河南省“十三五”期间的能源安全程度；最后在上述研究的基础上，针对河南省的实际情况提出能源可持续发展的对策和建议。

1.4.1.2 碳排放强度的空间计量分析

对中国碳排放强度及其8个影响因素组成的面板数据进行空间计量，面板数据的时间跨度为2000—2015年，研究对象是除去西藏和港澳台的30个省（自治区、直辖市）。本部分研究内容从以下4个方面展开。

（1）空间计量经济学方法简介。对本书主要沿用的空间计量经济学方法所涉及的权重矩阵、检验方法、模型以及模型的选择等问题进行梳理和介绍。

（2）中国省域碳排放强度的现状。首先估算了2000—2015年的全国和各省份碳排放强度数据，接着对国家层面的碳排放强度、能源消费量和经济发展水平进行统计分析，并分析了省域碳排放强度的地理分布特征，最后采用全局Moran′s I指数衡量省域碳排放强度是否存在空间效应，并结合局域Moran′s I指数生成的莫兰散点图统计分析了碳排放强度的空间集聚类型的格局转化与时空跃迁。

（3）中国省域碳排放强度影响因素研究。首先，根据研究重点选择相关变量构建碳排放强度影响因素的空间效应模型，接着检验模型，进行模型选择，选出最适合且模拟精度高的模型；在模型选择的基础上，考查各个影响因素对因变量的贡献程度，进一步分解自变量的空间效应，考查不同自变量对因变量的直接效应、间接效应和总效应的冲击，以检验自变量对其相邻单元的空间溢出效应。

1.4.1.3 节能减排项目后评价研究

以建筑材料行业为例展开研究，首先对建材行业的子领域进行介绍，分析了建材行业各领域的能耗水平，并介绍了建材行业节能减排项目的现状；然后从节能项目建设的整体效益角度出发，运用相关理论对我国建材行业节能减排项目的后评价的影响因素研究，构建建材行业节能减排项目后评价的指标体系，建立建材行业节能减排项目后评价模糊综合评价模型；

最后以DL水泥有限公司为样本，运用建立的建材行业节能减排项目后评价模糊综合评价模型对节能技改改造项目后评价项目进行了实证分析。

1.4.2 研究方法

本书在细致分析环境经济学、低碳经济理论、可持续发展等理论的基础上，运用因子分析、模糊综合评价、空间计量等工具深入研究了能源领域的能源安全、碳排放强度及节能减排项目后评价等问题，具体方法上采用规范和实证结合，结果分析与政策分析相结合。具体方法如下：

（1）文献分析研究法。通过对现有的有关能源安全、能源消费、污染物排放、项目后评价等文献的收集、整理、归纳和分析，获得有关的研究方法和研究思路以及样本设计的依据。

（2）因子分析法。在对已有文献深入分析的基础上，结合能源安全现状和影响因素，按照指标设计的原则，建立能源安全评价指标体系，选择符合本书的样本，运用因子分析法对河南省能源安全进行评价。

（3）广义回归神经网络。根据因子分析评价的结果，将“十三五”的能源规划数据运用广义回归神经网络（GRNN）预测河南省未来三年能源安全的状况，分析河南省“十三五”期间的能源安全程度。

（4）空间面板模型分析法。主要运用Moran's I指数分析法探究中国碳排放强度在空间上是否存在空间相关性，得到肯定回答后，再利用局部Moran's I指数和莫兰散点图分析中国省域碳排放强度在的空间上的分布特征；为避免模型因忽略空间因素而使模型估计出现偏误，本书引入空间滞后模型（SLM）、空间误差模型（SEM）以及空间杜宾模型（SDM）来研究影响碳排放强度的因素，并在此基础上考查各影响因素的贡献程度及其溢出效应。

（5）模糊综合评价法。本书建立模型时运用模糊综合评价法的基本原理，对建材行业节能项目的评价值进行量化分析，提高评价结果的准确性，同时基于模型对水泥节能技改项目进行实证研究。

1.5 研究创新点

本书利用多元统计、空间计量、模糊评价等方法系统地研究了能源安全、能源消费、污染物排放等问题，拓展了研究视角，深化了研究主题，扩展了研究方法，具有一定的创新性。

（1）拓展了研究视角。能源安全是近年来世界各国关注的热点问题，目前关于能源安全的研究也很多，但是大多从法律体制，经济的角度分析存在的问题和对策研究，关于某一个地区的研究还处于起始阶段。相对于目前现有的研究主要集中于北京、上海等一线城市和沿海区域的局限性，本书选取河南省作为研究对象具有一定的创新性，拓展了研究视角。

（2）深化了研究主题。现有能源安全的文献中，选取的经济指标侧重于经济增长指标和能源效率指标，没有考虑到产业结构变动对能源安全的影响，本书将产业结构指标加入到能源安全评价的指标体系中，得出其对能源安全影响的程度，具有一定的创新性；与其他文献只关注能源消费、经济增长和人口等规模因素不同，本书结合中国经济发展转型，建设创新型国家和对外开放的背景，引入技术创新水平、外商直接投资和对外开放水平等指标，分析各影响因素的空间溢出效应，探究了促进碳排放强度降低的驱动因素，从而提出符合中国发展现状的科学的政策建议。深化了研究主题，具有一定的创新性。

（3）扩展了研究方法。前人关于碳排放的研究主要是基于时间序列或者普通面板数据的研究，没有涉及空间单元的相互影响。然而，中国土地面积广阔，各省份单元之间通过经济交流、技术沟通、资源共享等形式紧密联系，相互独立的状况是不存在的，这种联系使得单元之间相互依赖性显著，因此，如果在对碳排放的研究过程中没有考虑到空间效应的存在，而是选用传统的计量估计方法，会使得所得结论的不可靠或者无效。本书利用全局 Moran's I 和局域 Moran's I 探究了中国省域碳排放强度的空间演变及集聚特征，验证了中国省域碳排放强度确实存在空间效应，并将这种效应加入模型的检验与估计中，使得计量结果更符合现实状况。扩展了研究方法，具有一定的创新性。

第2章　理论基础

2.1 能源安全及相关理论

2.1.1 能源安全概念的界定

20世纪60年代以前，世界各国都以能源供应安全作为能源安全的内涵，20世纪70年代世界两次大的石油危机以后，能源安全的内涵进一步拓展和加深。1974年，国际能源机构（IEA）提出以合理的价格保证能源供应的能源安全概念。石油战略家 Daniel Yergin 指出：能源安全是指在不危害国家价值观和目标的前提下，以合理的价格保证充足的能源供应。20世纪90年代以后，随着化石燃料的使用，生态环境遭受到了严重破坏，清洁能源的供应也成为能源安全的重要内涵。能源安全的概念在国内学术界还存在很大的争议。迟春洁、黎永亮认为，能源安全是指国家和地区处于可以持续、及时、稳定、经济、足量地获取所需要的能源的状态或具有这种能力。能源安全由两部分组成：一是能源供应安全性，指保证正常生存与发展需要的能源供应的稳定程度；二是能源使用安全性，指能源的消费不会对人类自身赖以生存的自然环境构成威胁[23]。房树琼、杨保安等认为能源安全除了是供应和使用安全的统一之外，还包括防止价格大幅度波动，供应的突然中断和能源污染对经济社会发展造成威胁，能源安全不仅仅包括石油安全，还包括其他能源的安全[16]。因此，能源安全的概念可以概括为通过能源供应、经济社会发展、环境反馈三者的相互作用，使其都能够可持续发展。

2.1.2 能源安全的属性

2.1.2.1 能源的国家安全属性

能源是世界各国政治与外交政策的重要目标和主要手段，能源安全是国家经济、政治、军事等各项安全的基础。以冷战结束为时间标志，能源因素已经成为能源出口国对外政策的重要因素，而主要原因是能源输出在能源出口国的外交手段和外交政策上的分量不断加重。21 世纪国际冲突与战争的根源就是石油资源主导权的争夺，呈现愈演愈烈的态势。作为重要的战略资源，能源安全问题不能靠单一手段来解决，这是因为它在国际、科技与法律、供给和需求以及经济与生态环境等各方面都有涉及。因此，在全球化背景下，维护国家能源安全，需要考虑国际利益分配和能源地缘政治格局，立足整体，从政治、经济、军事外交等多角度，采用多方位的手段来努力做到综合协调处理。

2.1.2.2 能源的经济安全属性

经济利益是国家各项利益中最核心、最根本的利益，保障经济安全就是对国家利益和民族利益的维护。站在国家政治的角度，可以说经济安全是一种能力，这种能力包括3 个方面：一是利用国家经济体系防御外来威胁和侵扰的能力；二是优化国家经济体制以保证国内环境的健康持续发展的能力；三是增强国家经济体制以面对国外环境的不断变化的能力。作为推动经济增长的第一关键因素，有以下 3 个方面可以充分体现能源的经济安全属性：

（1）提高能源效率，经济的快速增长只需要较低的能源消耗，能源效率可以分为以单位产品能耗体现的能源技术效率和以单位 GDP 能耗强度为标志的能源经济效率。

（2）中国国际收支平衡受到影响，在国际石油价格不断提升和中国石油对外依存度不断增强的双重压力下，每年中国进口石油需要花费上百亿美元的外汇。

（3）产品成本随着石油价格的上涨而提高，尤其以石油为能源和原材料的相关行业最为突出，继而通货膨胀预期会加剧，逐渐扩散到更大范围行业成本的增加，必然会导致企业国际竞争力的降低。

2.1.2.3 能源的环境安全属性

随着经济的高速发展，环境安全在国际能源安全中地位愈加凸显，这是因为在能源消费过程中，环境污染随着煤炭、石油等化石燃料的使用越来越严重。鉴于国内外能源工业的价格走势和市场需求越来越受到环境问题的影响，环境保护或环境安全成为世界各国制定能源安全战略和能源政策必须重视的因素。从世界各国的发展脉络来看，以化石燃料为主线是大多数工业化国家所采取的能源路线；通过降低固体燃料的使用比例，提高能源使用效率，进而实现能源系统成本降低和提供优质清洁能源服务的目标，这种方式成为各种能源结构优化的必然选择之一。在“节能减排，低碳经济”的环境保护政策的倡导下，世界各国都把控制温室气体的排放量和降低温室气体的排放量作为环境安全的首要目标和需要共同承担的社会责任。因此，能源的生产者和消费者要放慢化石燃料的生产和消费的增长速度，使空气中二氧化碳含量能够得以控制并慢慢减少，缓解慢慢变暖的气候环境。

2.1.2.4 能源的治理安全属性

能源是市场资源配置的重要要素，而能源安全更是政府宏观调控的关键点，因而确保能源安全的基础工作之一就是有效地治理能源市场。目前，国际上能源体制改革趋势共同表现出以下几个特点：一是放松管制，市场机制推动；二是政府引导，政策激励；三是行政主导，有限竞争。具体做法为：能源资源优化配置要以市场机制为基础性调节杠杆，其中还包括供求机制、价格机制和竞争机制；当出现市场忽视或者市场失灵的情况时，政府要介入和干预，比如制定能源生产销售的市场准入规则，能源安全生产的隐患警戒，能源生产事故的防范和消除，能源开发利用过程中的环境污染的治理责任确认，普及和推广新能源新技术等，这类问题的出现都需要政府这只强有力的手。政府对能源领域的介入和干预一方面表现为政府的调控和管制，甚至包括行政处罚等强制手段，另一方面也表现为政府的扶持、引导和鼓励措施，实现“有形之手”和“无形之手”的协同优化配合。

2.1.2.5 能源的合作安全属性

世界各国自然资源禀赋的不同，决定了能源资源的跨国流动性和能源贸易的国际性。随着全球化的不断深入，能源安全问题的跨国性和复杂性日益明显。能源安全本质上不是供给总量不足的问题，更是如何合理配置以保障世界能源资源高效使用的问题。能源市场不是一个封闭的市场，而是一个开放的市场；如果一个国家抛开双边和多边合作，独立进行能源市场的治理，就不可能产生利益，或者说即使有利益的产生也是暂时的，只有世界各国有效合作才能在整体平衡中实现利益。各国在实现自身能源安全的同时，必须尊重它国利益，为对方的能源安全创造条件。

2.2 污染物排放及相关理论

2.2.1 碳排放及碳排放强度

2.2.1.1 碳排放

碳元素是组成生命不可或缺的元素，普遍以不同化合物的形式存在于大气与生物体中，是构成生物体内组织所需要的基本元素。人体内碳元素的重量约占人类体重的五分之一，一切生命体的构成都离不开碳元素。大气中碳元素的主要存在形式是二氧化碳，分子式为 CO_2，从分子式中可以得出碳元素的含量为12/44。CO_2产生方式有很多种：哺乳动物的呼吸作用、化石燃料的焚烧、有机物的分解和发酵等。二氧化碳具有保温作用，二氧化碳排放量过多将会使全球气温逐渐升高。《京都议定书》指出主要的温室气体有二氧化碳（CO_2）、甲烷（CH_4）、氧化亚氮（N_2O）、氢氟碳化物（HFCS）、全氟化碳（PFCS）、六氟化硫（SF_6）六种，其中二氧化碳是最主要排放气体，占温室气体排放总量的60%以上（表2－1），最重要的是二氧化碳的“隋性”本质使得人类无法找到相应物理或者化学的方法来直接消除它，只能通过减少排放这一途径来缓解空气中二氧化碳含量的上升，进而改善全球变暖趋势。

表2－1列出了6种温室气体以及不同气体对温室效应的贡献占比，即增温效应占比（数据来源于IPCC第四次评估报告），这6种气体是《京都议定书》中被确定的要严格控制的温室气体。由表2－1可知增温贡献率最大的是二氧化碳。

表2－1 温室气体及其增温效应

温室气体	二氧化碳（CO_2）	甲烷（CH_4）	氧化亚氮（N_2O）	六氟化硫（SF_6） 全氟化氮（PFC_S） 氢氟碳化物（HFC_S）
增温效应%	63	18	6	13

由于在温室气体中二氧化碳比重较高，所以一般意义上讲的碳排放即为6种温室气体的排放。实际研究中对于碳排放中的碳有两种理解：广义上说“碳”是指包含二氧化碳在内的六种温室气体，而“温室效应”形成的原理是这些气体不能阻挡太阳投射到地球的可见光，却又对地球表面反射回去的光吸收率很高，进而导致地球表面气温升高；狭义上的“碳”则指的是二氧化碳。从增温效应表中能够看出，在6种温室气体中，二氧化碳的增温效应高居首位，占到了63%，是造成气温升高的重要因素，而人类经济活动、能源活动产生的二氧化碳量占总的二氧化碳排放总量的90%以上，所以要想从减排的途径缓解温室效应，就要严格控制二氧化碳的排放。因此，研究中所涉及的碳排放一般是狭义上的二氧化碳排放。

2.2.1.2 碳排放强度

为了对碳排放问题进行更深入地探讨，学术界引入了碳排放强度、碳排放效率以及人均碳排放等概念。其中，碳排放强度指单位经济产出所产生的碳排放量，实际研究中采用单位国民生产总值（国家或地区）的碳排放量来衡量[121,122]，该指标因为兼顾碳排放和国民经济发展，而成为中国战略转型中控制碳排放，进行大气污染防治的重要指标。碳排放强度是能源使用是否高效的一种体现，数值越大，效率越低，在经济层面上则意味着创造同等的财富需要消耗更多的能源和其他投入。用碳排放强度来衡量国民经济发展是否健康，能够激励各个国家在实现经济增长的过程中，同时兼顾到经济活动是否对环境造成破坏，是否出现碳强度超标，进一步来看，这种约束也能够促使各地区实行技术创新，发展清洁技术，推广低碳经济理念，促进低碳产业迅速发展，最终实现绿色发展。以往的碳约束都是直接约束碳排放量，而中国作为发展中国家，经济发展不能停止，盲目地进行二氧化碳减排，对中国国民经济带来巨大的损失，意识到这一现状，中国政府提出了碳排放强度的概念，并两次提出了碳排放强度目标，受到国际社会的认可。《晴朗天空与全球气候变化行动》中肯定了碳排放强度约束的效用。中国共产党的十八大报告提出科学的应对环境气候变化将成为中国转变经济发展方式、建设生态文明的内在需求，并将碳排放强度作为低碳减排的一项重要指标。

2.2.2 可持续发展理论

可持续发展理论是1987年布伦特兰在《我们共同的未来》中提出的概念，可持续发展概念重点是可持续，目标是发展，就是说要在保证人类子孙后代的延续不受到威胁的前提下，确保当前生产发展能够满足自身需求。学者定义可持续发展理论的出发点有很多，如自然、经济、环境、技术等方面，但这些定义的目的都一样，都能体现出对环境持续恶化、人口膨胀、资源紧缺等问题的担忧，也能体现该理论持续、公平、共享的原则。生态研究学者出于对自然和环境前景的负责，定义了自然环境可持续发展理念。1991年，国际生态学联合会（INTECOL）和国际生物科学联合会（IUBS）为了增强地球生态系统的延续能力和更新能力，开展了可持续发展的专题会议，会议指出全球社会的经济发展都不是不受约束的，经济发展进步的前提是不能超越自然环境系统的恢复弹性范围。同年，在《保护地球——可持续生存战略》的国际报告中体现了可持续发展的社会属性，该报告的提出者是几个国际环境保护组织，他们认为可持续发展的原则应该是保证人类生存的永恒性和可持续性，在不对生态环境造成破坏的前提下提升人类的生活质量。经济学家对可持续发展的定义不同于前者的自然和社会属性，他们更重视经济的可持续性，Barbier、Edward (1987)[123]认为可持续发展中经济利益最大化是最终目标，其他社会资源和自然环境都是服务于经济发展的，但是发展中应该注意不能对这些服务条件造成危害。正如皮尔斯对经济可持续的定义一样，今天对资源环境等的使用不能对未来收入造成损害，或者说减少未来经济活动所需要的资源，即要保证当代人和后人的利益均不受损。技术可持续发展就是要做到技术突破、技术创新，新技术代替旧技术，实现生产清洁化、高效化和低耗能化。总的来说，可持续发展重点强调3个方面：第一，强调质量，盲目追求经济高速增长，保量不保质的自我毁灭性的发展方式不是可持续发展的愿景，调结构、稳增长是实现经济可持续的有效措施；第二，强调人与自然和谐相处，大自然为人类生存创造条件，人类改造大自然，但是人类在对自然的改造过程中应该注意到大自然作为一个生态系统存在弹性限度，超过这个度，大自然将无法自行恢复；第三，强调全方面发展，可持续发展要做到满足生存可持续、经济可持续以及需求可持续。

二氧化碳等温室气体的排放在大气中形成了一定的不良效应，引起了人们的关注，由此学者提出了可持续发展的理论，即人类发展不能对赖以生存的环境造成不可恢复的后果。极端气候的频繁发生、海平面上升以及罕见病毒的产生都是温室效应带来的不良后果，如果不加以控制，环境问题会越来越难以掌控，直至严重危害人类生存。在这样的情境下，可持续发展的提出给出了一种统筹把握经济、环境与能源的方式，在不抑制经济发展的同时，尽量降低碳排放强度，最终使中国走向可持续发展道路。

2.2.3 环境库兹涅茨曲线理论

环境库兹涅茨曲线又称为 EKC 曲线，是一个倒 U 形的曲线，该曲线探究的是环境质量在没有国家或者地方政府政策约束的情况下的演变趋势，一个地区发展的初级阶段污染水平较低，主要追求经济增长，在经济不断好转的过程中出现环境恶化加剧，但当经济发展到一定程度，污染程度会出现拐点，环境问题得到改善。该曲线的提出者 G. Grossman 和 A. Kureger 认为这种先增长、后降低的环境污染程度曲线主要有以下 3 种原因：

（1）技术内生说。该理论认为经济增长会带动科技进步，从而提高能源使用效率，环境污染得到缓解。技术进步的内在调节机制使得曲线呈现倒 U 形。

（2）环境需求论。该理论认为当一个地区相对贫困的时候就会想要先解决温饱问题，追求单方面的经济上升，对环境污染的规制程度不高。当经济发展到一定水平，财富已经不是人们主要追求的内容了，反而更注重身体外在感受，开始对周围环境的要求越来越高，当把注意力转移到环境质量上的时候，污染程度随经济发展变化的曲线就会出现转折，呈现出倒 U 形。

（3）产业结构调整论。该理论的原则是在倒 U 形曲线出现拐点之前认为产业结构是从低耗能的农业逐渐向重工业转变，对能源的依赖性逐渐增强，环境污染不断恶化。政府强调环境问题则出现产业结构调整，这是经济发展的一般规律，这个时候产业结构的重心逐渐往知识密集型的第三产业转移，污染程度逐渐回落，形成倒 U 形曲线。

碳排放问题提出后，就有很多学者依照 EKC 曲线研究碳排放与经济之间是否存在这种非线性关系，并提出了碳排放的库兹涅茨曲线。研究认为经济增长通过 3 种效应促进温室气体排放：规模效应出现在经济建设初期，能源的使用导致二氧化碳排放随经济发展逐年递增；当经济发展到一定程度，技术效应与结构效应同时发挥作用，技术效应的作用体现在技术创新会创造新能源或者清洁技术，这些新的发明创造不仅能够直接降低碳排放强度，还能将技术作为生产要素替代投入生产，从而间接降低碳排放强度。结构效应的作用是经济发展的内在驱动规律，随着经济发展水平不断上升，一定会出现从低能耗的农业主导经济转化为能源密集的工业主导经济，最后重工业为主的第二产业的主导位置被知识型的第三产业所取代，对环境污染，特别是能源排放有明显的改善作用。

2.2.4 低碳经济学理论

“低碳经济”（low - carbon economy）是二十世纪九十年代产生的一个概念，该概念一提出，引起了很多学者的研究热情，发表了很多研究成果。低碳经济是什么经济？是一种新的发展模式？很多问题在学术界并没有形成统一的结论，但无论是普通群众还是政府人士，都非常肯定学术界产生的这个新概念。低碳经济不是简单地遏制碳排放，降低碳排放强度，而是通过提高发展质量来应对全球气候问题、资源问题等。低碳经济是人类社会逐渐走向高级化发展的产物，通过对产业和政府制度进行改革、高能耗技术创新、减少对重工业等的依赖等方式实现高质量的发展，是人类社会可持续的必经之路。低碳经济有3个主要特征：创新性、全局性和全球性。创新性体现在经济发展关注的重点有所突破，之前的经济发展首要关注的是经济增长，以至于投入高、耗能高、污染高的“三高”问题被忽略，而低碳经济更注重的是经济发展的效率，或者说是质量，这将给社会带来新一轮的技术革新；低碳经济的概念包括的范围之广体现了它的全局性，它的概念囊括了社会、经济、生态等的方方面面，重点是下调发展；全球性则体现在控制温室气体的排放不是某一个国家做好就行的，但是所有的国家都不去考虑也是更不可取的，低碳经济初衷的实现需要各个国家根据自己的实际情况通力合作，为了在实施国际减排的过程中有一定的制度约束和参考，国际社会制定了一些框架体系，如《京都议定书》。

低碳经济的模式与传统的经济模式相比在很多方面进行了改变（图2 -1）。低碳经济的实现途径主要包括3个方面：低碳技术、低碳能源和低碳机制，其中低碳技术是驱动因素，低碳能源是内在因素，低碳机制是制度保障，三者相互作用于经济发展，共同实现低碳经济的良性运行。

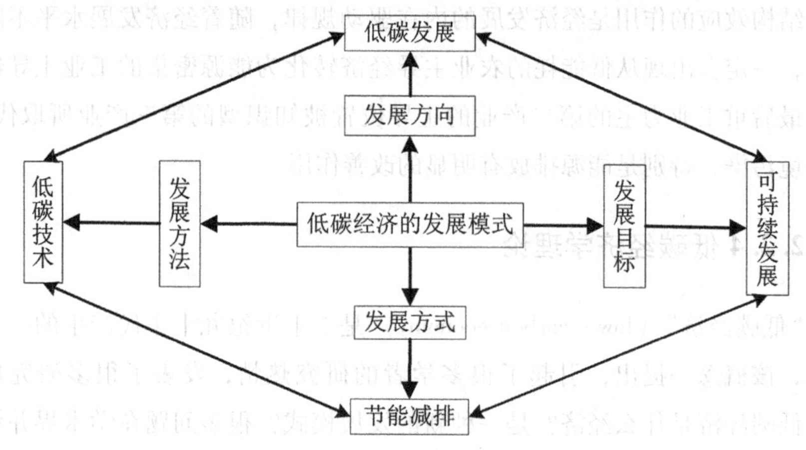

图2-1　低碳经济发展模式

盲目地强制实施低碳经济的方式是不可取的，应根据不同国家的经济发展水平、能源禀赋状况等各种因素综合考察，分层次地制定低碳政策，这样才有利于全球低碳经济的实现。例如，发达国家在经济实力和技术水平等方面均有较大优势，发展低碳经济既是形势所迫，又能发挥优势树立国际形象，而发展中国家特别是中国这样的大国，也应该积极地参与低碳经济的国际行动，通过国际合作学习到先进的低碳技术，改变自身相对落后的基础设施和设备等，抓住国际合作的机遇，实现自身低碳经济的实现。

2.2.5 环境经济学

环境经济学是一门研究环境与经济的交叉学科，是随着人类越来越关注经济与环境之间的关系而产生的一门新学科，这门学科研究的主要目的是实现环境与经济协调发展。环境问题由来已久，自从人类意识到频繁的经济活动带来了环境污染的后果，学者便开始了漫长的环境经济研究。过度的经济活动导致资源枯竭、生态环境难以恢复、环境污染严重等现象，更重要的是在生产活动中因处理困难而被搁置的污染物、废弃物，错误的处理方法使得环境污染逐渐超过了大自然的自净能力，也在很大程度上促进了环境恶化。全球温室效应产生的原因，便是一个典型的环境保护与经济发展相矛盾的例子。工业革命以前，人们发展经济的能力和手段都有限，所以碳排放量没有达到自然系统的最大承受值，因此系统可以自我恢复。工业革命之后，人类有了一定的经济和技术基础，改造大自然的途径与方法都大大增加，频繁的经济活动导致碳排放急剧攀升，全球变暖问题逐渐显现，进而导致了一些危害到人类社会的严重后果。所以碳排放也成为环境经济学的主要研究对象。

环境经济学核心内容主要有以下几个方面：第一，度量稀缺资源，存在3种机制来对资源是否稀缺进行衡量，这3种机制是分别对资源的价格、成本和租金进行定价。解决稀缺资源问题的办法则是通过提高技术创新、促进国际合作、结合高效的政策制度来改善。第二，环境污染外部不经济，导致了市场失灵、资源浪费等多种后果。只有通过产权分明、征收庇古税等方式把环境污染的外部不经济内化，问题才能得到解决。第三，经济效率，寻求高质量的经济发展，实现帕累托最优。第四，价值评估，通过对环境资产的价值估计，在精确地掌控该资产在经济活动中的代价和收益的同时，还可以将其考虑到综合决策的进程中。

从以上基础理论来看，可持续发展理论的提出是建立在社会、经济、人口、资源、环境相互协调和共同发展的基础上，其内在涵义在于人类在满足当前发展的同时，也要考虑未来发展的需要，为将来的经济发展提出了要求。而环境库兹涅茨曲线理论描述的是经济增长与环境污染之间的关系，提出两者之间存在倒U型关系。目前对中国碳排放环境库兹涅茨曲线的研究，有的学者提出质疑[124]，也有学者肯定其存在性[125]，但是认为拐点的到来还需要很长的时间。所以，当前减少碳排放的绝对量除非以牺牲经济增长为代价，这不符合低碳经济理论的要求。低碳经济理论提出一味地要求降低能源消费量以减少能源消耗、控制环境污染的方式是不可取的，而是要以保证经济增长为前提，其内在要求是优化经济增长方式、提高经济产生效率。这也为我们选取碳排放强度指标作为研究对象提供了理论支持，碳排放强度表示单位经济产出的碳排放量，属于效率概念，不仅符合低碳经济的内在机理要求，而且中国目前的政策文件也均以该指标制定减排目标，使得我们的研究更具理论意义和实践价值。

2.3 项目后评价及相关理论

2.3.1 项目后评价

2.3.1.1 项目后评价的概念

项目后评价的概念在世界各国有不同的解释。在中国，专家们也没有达成统一的规定性的意见。这里引用清华大学教授张三力在《项目后评价》中的概念：项目后评价也即项目后评估，主要是指在项目正式投产运用1～2年后，运用系统的思想对项目自决策立项到项目达产整个周期内的活动进行全过程、多方面的评价。通过对项目活动实践的检查总结，确定项目是否达到预期目标，项目或规划是否合理有效以及是否实现项目的效益指标。分析评价并找出成败原因，总结经验教训，及时有效地反馈信息，为未来新项目的决策及项目运营中出现的问题提出改进建议，达到提高投资效益的目的[126,127]。

项目后评价的目的主要包括以下几个方面：

(1) 总结项目管理的经验教训，提高项目管理水平。项目后评价主要通过分析研究已建成项目的实际情况，总结评价经验，使得设计施工水平及生产能力得以提高，从而提高经济效益，控制项目投资，并对未来的项目管理活动进行指导。

(2) 提高项目决策水平，即通过项目后评价所反馈的信息，及时更正项目决策过程中出现的问题，也可控制和调整同类项目的决策和可行性研究。项目可行性研究受到经济、环境和技术等因素的影响，其所作的预测不完全准确，项目后评价可以对项目进行检验。

(3) 项目后评价为国家政策制定及投资计划提供相应依据。目前中国处在经济结构调整转型期，在一定范围还存在盲目扩张投资。项目后评价通过发现宏观投资管理的不足，能及时修正不适合的经济政策，从而确定合理的投资方向及合适的投资规模，对各产业、部门及其内部的比例关系进行协调，促进管理投资良性循环。

（4）项目后评价还为银行等金融机构调整信贷政策提供相应的依据，通过对项目经营管理进行判断从而提高项目运营效益，并对项目涉及的人员进行管理和监督。

2. 3. 1. 2 项目后评价的内容

（1）经济评价。项目后评价的经济评价主要是指国民经济评价和财务评价，在项目正式运营后，根据项目建设的实际数据以及对项目未来运营期内的预测数据进行的经济评价。后评价阶段的经济评价要求以实际发生的数据为依据，对比分析项目前期的项目经济评价结果与实际经济效果的差距，并分析原因，反馈经济评价的结论以提升未来投资项目决策水平[128]。国民经济评价是从国家宏观整体的角度出发，分析因项目建设国家所付出的代价以及对国家的贡献大小。这是一种宏观评价，有助于政府判定项目建设的经济合理性，并为政府未来的宏观政策制定提供支撑。判定项目建设的经济合理性一般采用费用效益分析法，按照费用和效益计算范围相对应的原则，计算项目建设的净贡献。这种方法所指的费用是国家为项目建设所付出的代价和成本，效益是项目建设对国内经济发展所做的贡献。国民经济评价一般采用“有无比较法”进行对比，采用的经济参数为影子价格、影子工资、影子汇率以及社会折现率，分析项目建设对国民经济的影响[129]。

财务后评价是从投资者的角度出发，以项目实施和运营阶段的实际数据和资料为基础，根据现行的国家价格体系和财税体系为标准，计算项目建设整体的实际财务支出和收入，分析项目的盈亏情况，评判项目建设的合理性。财务后评价的意义在于对比项目实际成本收益与前期计划之间的差异，并分析和总结差异产生的原因，为投资决策部门提供经验和教训。

（2）过程评价。建设项目后评价的过程评价是从实施项目决策到项目投产运营整个实施过程的评价，包括项目前期工作评价、项目实施阶段评价、运营阶段评价，详述如下：

1）项目前期工作评价。项目前期工作评价主要是对项目立项决策阶段和项目设计阶段进行评价。项目立项阶段的评价主要是分析项目的立项程序是否符合国家的相关规定，是否符合项目立项的客观规律；分析项目立项的依据和条件是否符合国家的相关规划、政策等的要求，对项目立项的条件和依据进行合理性、充分性分析。项目设计阶段评价主要是分析设计成果的先进性、适用性和服务水平，分析项目选择的设计单位是否符合国家相关规定，设计成果是否达到国家相关规定的深度要求，项目的设计规模和设备选型是否合理等，及时总结经验教训，为未来建设项目提供参考。

2）项目实施阶段评价。项目实施阶段评价主要是对建设过程的建设准备阶段、施工阶段、生产准备阶段、竣工验收阶段等几个方面进行分析，发现实施阶段存在的问题并进行总结。建设准备阶段评价的内容主要是分析准备工作是否适应建设施工要求，能否保障项目的顺利进行。施工阶段评价的内容主要是从质量、进度、成本三方面对比项目建设的实际情况与计划方法的差距，评价项目资金管理、质量控制、进度管理的能力和水平。生产准备阶段评价主要是从项目法人是否具有正式运营生产的条件，是否组建运营组织并对员工进行了相关培训，是否制定了指导生产运营所需要的制度和规范，是否对工程质量和设备可靠性进行分析等方面进行评价。竣工验收阶段评价的主要内容是根据国家的相关规定，项目竣工验收的程序和手续是否符合国家规定，项目竣工验收的内容深度是否符合要求等。

3）运营阶段评价。对项目运营阶段进行评价主要是分析项目运营实际效果与原定的效益目标之间的差异，并分析原因进行总结，分析项目运营管理部门是否建立科学合理的组织机构、人员安排是否合理、是否制定科学的运作制度等，评价项目运营管理部门的整体运营管理水平等。

通过对项目进行过程评价，分析其建设产生差距的原因，总结项目建设成功和失败的经验，旨在提高对项目过程的管理水平。

（3）环境影响评价。建设项目后评价的环境影响评价是指根据建设项目获批的对环境影响的批复文件，对项目建设期间和运营期间对所产生环境影响，以及项目环境影响批复文件中要求的环境保护措施和环境监测执行的效果进行评价。其目的是通过对建设项目环境影响的前后进行对比分析，获取项目建设的经验，为以后环境影响评价提供参考。通过环境影响评价，可以及时了解项目建设及运营阶段项目对环境的实际情况针对项目运营存在的环境问题提出改进措施和建议。通过对项目环境影响前后对比分析，总结项目建设的经验和教训，有利于提高环境评价机构对环境影响的评价水平，完善项目运营阶段的环境监测和保护措施体系，为以后的项目建设提供经验和借鉴。环境影响评价的内容主要为对项目建设期和运营期的水环境、空气、噪声、生态环境等方面的影响情况进行评价，并注重对环境监测、保护措施的执行情况和效果的评价。

环境影响评价的特点是中国在环境保护方面拥有较为完善的法律、法规，其评价标准应符合现行政策、行业规范、法律等规定的要求，这也是环境影响评价的基本原则。同时，环境影响评价应根据项目实际需求，通过设置调查问卷或访谈的形式对项目所在地的实际环境影响进行调研，尤其是获取周围社会群众对项目环境影响的观点和看法。此外，建设项目后评价的环境影响评价应分为项目建设期环境影响评价和项目运营期环境影响评价两个方面。

（4）社会影响评价。建设项目后评价的社会影响评价是从社会前进发展的角度出发，评价项目建设对项目所在区域范围内经济社会发展的影响与贡献程度。社会影响评价有利于分析项目受益者和受损者的意见，减少未来项目决策失败的概率，同时有利于分析项目建设对区域的经济发展、技术更新、社会稳定的贡献度，为政府相关部门宏观决策提供依据。社会影响评价的内容主要包括自然资源和社会经济影响两个方面。自然资源影响评价主要是评价自然资源开发和利用是否符合国家相关政策，自然资源的综合利用效益等；社会经济影响评价主要是评价项目建设的经济效益，分析为政府经济发展目标的贡献能力；评价项目建设带动相关产业的能力和水平；评价项目在提供就业岗位、提高当地居民收入、改善人民生活水平等方面的影响。

社会影响评价的特点是应注重项目建设对当地政府、居民的影响程度。尤其是涉及征地拆迁、移民安置等关系当地社会稳定问题，应广泛地听取政府和群众的意见，获取项目社会影响的实际情况，并最终进行客观评价。目前，项目后评价对社会以及当地区域经济的影响的相关评价显得比较薄弱[130]。

(5) 目标可持续性评价。建设项目后评价的目标可持续性评价是指在项目正式投产运营一段时间后，一般为 1 ～ 2 年的时间，对项目目标实现情况、自身持续运营情况以及项目的外部环境符合性进行分析，评价项目未来运营的情况。项目目标评价是对项目目标的完成情况以及未来项目目标达成预测的评价。目标可持续性评价主要分析外部环境和内部环境两个方面。外部环境评价是从政治、经济、技术、市场环境等方面分析评价项目持续性运营的影响因素，注重分析项目原材料和需求市场环境的分析，同时分析国家政策、社会经济发展现状、科学技术进步、配套设施等其他外部因素对项目持续性的影响。内部环境评价是从项目内部组织、财务、机制、人员等方面分析项目持续性运营的影响因素，注重评价组织结构的科学性、人员安排的合理性、机制的完善性、财务的营运能力等内部条件对项目持续性的影响。通过目标可持续性评价，能够把握项目运营的实际情况，发现项目目前运营存在的问题，为项目正常运营提供保障措施，并为未来建设项目的投资决策提供经验。同时，项目目标可持续性评价的一个重要的特点是依据项目实际运营情况和对未来项目运营环境进行的预测情况，判断项目未来的运营情况是否能够与计划目标保持一致，预测项目未来运营可能存在的风险，并提出风险管理措施和建议。

2.3.1.3 项目后评价与项目前评价、项目中间评价的关系

项目评价根据评价在项目实施时点可以分为 3 种：项目前评价、项目中间评价和项目后评价。项目后评价是在建设项目投产并运营一定时间后，从经济效益、社会效益、环境效益、可持续性等方面，对项目立项决策阶段、准备阶段、设计阶段、施工阶段、竣工验收阶段以及投产

运营的全过程投资活动进行评价，对比项目建设全过程的实际情况与计划预测发生的偏差，分析和总结项目建设的经验和教训，并反馈到未来实施项目中，以提高和改善对未来项目决策水平和管理水平。项目后评价属于事后评价。项目前评价主要从项目的经济、技术、市场需求、规模等方面，对项目建设的经济合理性，技术的先进性、可行性，预期产品市场需求，建设规模经济性等进行分析，为投资决策提供依据和建议。项目中间评价是指在在项目实施的过程中，对项目状态和项目进展情况进行衡量与监测，对已完成的工作做出评价，为项目管理和决策提供所需的信息，以便采取必要的措施来改进项目管理，保证项目建设目标的实现。

项目后评价与项目前评价、项目中间评价密切相关（表 2－2），三者都是围绕项目目标为依据进行的。项目前评价、项目中间评价为项目后评价提供了前提和基础，项目后评价对项目前评价、项目中间评价进行总结，并对项目建设全过程进行评价，反馈到未来建设项目的项目前评价、项目中间评价中，提升评价的科学性和合理性。这 3 种评价在评价方法和原则方面的区别不大，主要区别是在评价时点、评价范围、评价依据等方面。

表 2－2　项目前评价、项目中间评价、项目后评价三者的区别与联系

	项目前评价	项目中间评价	项目后评价
时点	项目批准立项以前	项目实施阶段	项目投产运营一段时间后
数据	国家、行业、地区、企业的历史数据、预测数据	项目建设实际统计数据、计划预测数据、项目实施预测数据	项目建设实际统计数据、计划预测数据、未来项目运营预测数据
对象	比较不同项目实施方案	对比项目实施过程的计划目标与实际实施情况	比较项目整体建设情况与项目决策目标
内容	经济可行性、技术方案先进性、规模合理性、市场需求等	项目实施的质量、进度、成本费用、风险等目标完成情况	项目建设整体的经济效益、社会效益、环境效益、可持续等

续表

	项目前评价	项目中间评价	项目后评价
目的	优化项目建设方案，为项目决策提供依据	优化项目实施进度，提高项目管理水平和质量水平	总结项目建设的经验教训，提高对未来建设项目的管理水平
结论	项目建设是否可行	采取经济、技术、管理等措施完成项目阶段目标	判定项目建设是否成功，对项目未来运营情况进行预测

2.3.2 系统理论

系统思想具有很悠久的历史，但作为一门科学的理论，学术界公认美籍奥地利理论生物学家 L. V. 贝塔朗菲(L. V. Bertalanffy)为其创始人。1932年，他在《抗体系统论》一书中首次提出了有关系统理论的思想。1968年，他发表的专著《一般系统理论基础、发展和应用》确定了系统科学的科学学术地位，同时这本书被世界学术界认为是该学科的代表作。

系统理论认为所有的系统具有共同的基本特征，这些基本特征主要为整体性、关联性、等级结构性、动态平衡性、时序性等。它的核心思想为系统的整体思想。贝塔朗菲认为：任何系统都是以一个有机整体的形式存在的，不是由各个部分简单相加或者组合形成的，系统作为一个有机整体具有各个组成部分在孤立状态下所不具有的特质，即“整体功能大于部分之和”。同时他认为，系统中的各部分是相互关联的，不是孤立存在的，系统的每个部分都在系统中占有一定的位置，并起着某种特定的作用，如果将其从整体中隔离，将会失去其在整体中的作用。系统论是研究系统结构和规律的一般模式，它研究各种系统的共同特征规律，并用数学方法定量地描述其功能，寻求并确立适用于一切系统的原理、原则和数学模型，是具有数学和逻辑性质的一门新兴的科学[131]。

2.3.3 经济理论

经济理论是建立在某些假定的基础上，对现实经济现象进行解释和预测的一种理论假说，通过对各个经济变量之间的关系进行一定的逻辑推理，预测或解释某些经济现象的语言假说。它主要用来解释社会运行过程中的经济现象，并说明经济现象的主要变量之间的因果联系。经济现象的更新和对旧的经济现象的再解释是经济理论创新的主要源泉。门格尔认为经济理论无法运用数学方法对经济现象做精确的测定，属于理性的、逻辑的科学，只能采用演绎法或归纳法进行解释。

19 世纪 30 年代末，经济理论经历了“边际革命”，数学模型成为经济理论不可或缺的理论演绎工具，已形成无数学模型不是经济理论的态势。当然，也存在极少数没有数理基础的经济理论，比如科斯产权理论。目前，虽然经过各个学派的经济学家的努力，经济理论得到前所未有的发展，在充分运用数学工具的基础上，经济理论得到完美的逻辑演绎，但由于经济理论的各个学派的假说不同，各个学派的假说无法彼此说服对方，导致依靠数学模型演绎的经济理论在指导人们社会经济活动中出现不同结论的情况。这也是经济理论在运用数学模型解释和演绎经济现象面临的重大难题。

2.3.4 管理理论

管理活动伴随人类社会产生而同时存在，拥有悠久的历史。一般来说，按照管理学形成的时间可将管理理论分为两个大的时期：管理学形成以前，主要是指人类的早期管理实践活动（人类早期实践活动到 18 世纪）和管理思想萌芽阶段（18 世纪初至 19 世纪末）；管理学形成以后，又分为古典管理理论阶段、现代管理理论阶段和当代管理理论阶段。

18 世纪初至 19 世纪的工业革命为管理理论的萌芽提供基础，这个时期是机械化大生产飞速发展时期，以机器为生产工具的工厂得到了空前的发展，同时也带来了管理方面问题，管理理论开始萌芽。这个阶段的主要代表人物为亚当・斯密、大卫・李嘉图等。古典管理阶段是管理理论形成的重要时期。这个时期主要研究对象是管理职能、组织方式等，以希望能够解决企业的效率问题，然而没有考虑人的心理因素。这个时期的代表人物是“科学管理之父”泰罗、“管理理论之父”法约尔、“组织理论之父”

马克斯·韦伯。

现代管理理论阶段主要包括行为科学学派和管理理论丛林时期。行为科学学派的研究对象的是组织活动中个体、团体、组织的行为特征，重点研究人的心理、行为等对组织高效率实现目标的影响，其主要代表人物和成果为梅奥的“人际关系理论”、马斯洛的“需求层次理论”、赫茨伯格的“双因素理论”、麦格雷戈的“X 理论 - Y 理论”；管理理论丛林时代主要是指 20 世纪 40 年代到 80 年代，许多管理学家采用不同的研究方法，从不同的角度阐述了各自主张的理论，主要有管理过程学派、管理科学学派、社会系统学派、决策理论学派、系统理论学派、经验主义学派、经理角色学派以及权变理论学派等。

当代管理理论阶段主要是指 20 世纪 80 年代以来，随着国际环境的剧烈变化、信息化的浪潮以及全球经济一体化的影响，管理理论也经历了前所未有的变革。这个时期主要的代表人物和成果主要为迈克尔·波特的《竞争战略》、迈克尔·哈默和詹姆斯·钱皮的“企业流程再造”、彼得·圣吉的《第五项修炼》等。

第3章 河南省能源安全评价与预测研究

3.1 河南省能源安全的现状

河南省是中国的人口和农业大省，同时也是中原经济区的重要经济中心，其能源安全直接影响着中原经济区建设乃至全国经济社会的发展，随着随着“十三五”规划的实施，河南进入了快速发展的新阶段，能源安全成为全省实现可持续发展重要因素。本书从能源系统的结构及相关性出发剖析河南省能源安全的现状。

3.1.1 河南省能源消费持续增长

二十多年来，随着河南省工业化、城镇化步伐的加快和人民生活水平的提高，全省能源消费需求增长持续增强。1996—2017 年的河南省能源消耗情况如图 3－1 所示。

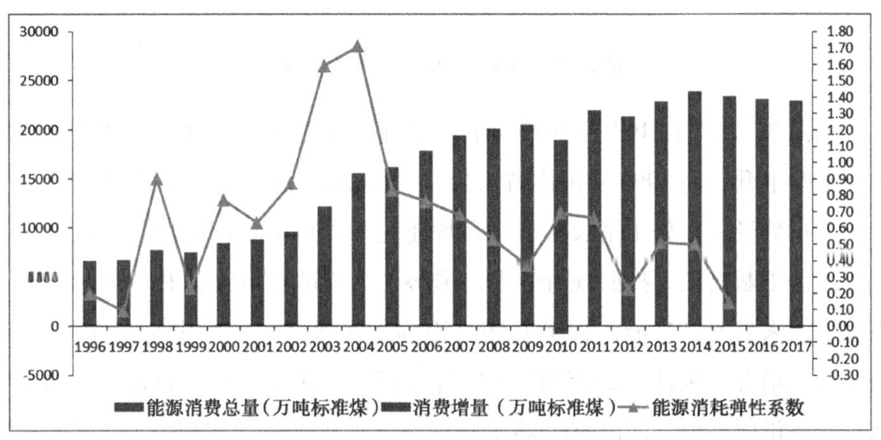

图 3－1　1996—2017 年河南省能源消耗量、消费增量及能源消耗弹性系数

由图 3－1 可知，河南省能源消费量呈现逐年增加的状态，能源消耗

弹性系数在2004年后呈现下降趋势，说明粗放型的经济增长模式使得能源消耗与国民经济发展以不同比例进行增长，增长一单位GDP消耗的能源量在不断上升，因此能源消耗量在逐渐增大，其中2003—2004年一单位的GDP增长几乎消耗两倍的能源，可见能源利用效率比较低下。2004年以后能源消耗量消费弹性系数在同样实现GDP高速增长的同时呈现下降趋势，但在2010—2014年又有所反弹。人均能源消耗水平如图3-2所示。

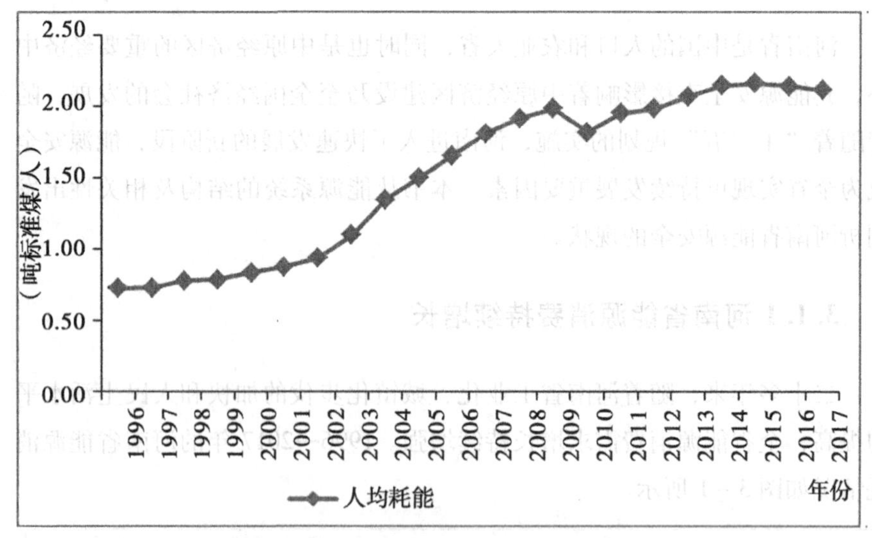

图3-2 1996—2017年人均能耗

如图3-2所示,1996—2017年间河南省人均能耗不断增长,增长速度也在不断上升，而1996年河南省人口9172万人，2017年河南省10853万人，人口数量一直处于增长状态。人均能耗和人口数量同时增长，能源消耗量将会不断增长。按照现有的人口形势、当前的经济结构和当前的发展态势下，未来河南省能源保障问题将面临重大挑战。能源供给率在下降，缺口逐渐增大。预计在2025年，河南省消费量将超过3亿吨标准煤，而河南省能源供应率由目前的80%将下降到60%，能源缺口将超过1.2亿吨标准煤，煤炭从外省的调入量需要逐年加大。高耗能行业能耗大幅增加是工业能耗居高不下的重要原因。数据显示，2017年全省采矿业、制造业、电力燃气及水的生产和供应业综合能源消费量合计 13857.47 万吨标准煤。全社会用电量增速持续较快增长也是重要原因，根据数据显示，2018 年河南省全社会用电量3417.68 亿千瓦时，同比增长7.94%，全省发电量2598 亿千瓦时，同比增长 13.77%；统调电厂发电量完成 2973.98 亿千瓦时，同比增长 10.04%。伴随着高耗能行业能耗增速的加快，全省未来几年能源消耗仍将持续增长，能耗面临反弹压力仍然较大。

3.1.2 能源利用效率低下

河南省能源利用方式比较粗放，能源加工转换效率低于全国平均水平，能源利用效率很低。2017 年河南省单位 GDP 能耗为0.5150 吨标准煤/万元，低于同期全国平均水平的 0.5465 吨标准煤/万元，而广州市单位 GDP 能耗为 0.3605 吨标准煤/万元，北京市单位 GDP 能耗仅为 0.2546 吨标准煤/万元。从数据上可以看出河南省单位 GDP 能耗分别是广州市、北京市单位 GDP 能耗的 1.43 和 2.02 倍，与发展水平相当的安徽等中部地区省份相比，单位 GDP 能耗也高于其他这些省份；而 2016 年和 2015 年河南省单位 GDP 能耗分别为 0.5743 吨标准煤/万元和 0.6246 吨标准煤/万元，能源利用效率更低。以郑州市为例，2011 年，郑州市单位工业增加值能耗是 0.895 吨标准煤/万元，是北京市的 1.95 倍，是广州市的 1.59 倍；2012 年，郑州市单位工业增加值能耗为 0.74 吨标准煤/万元，下降了 17.32%，虽然高于全国平均降幅，但是工业增加值能耗仍然远低于北京市下降的 31.37% 的幅度。由此可见，河南省能源效率低下，有待进一步提高。

3.1.3 能源结构性矛盾突出

富煤、缺油、少电的资源禀赋决定了河南省以煤炭为主的能源生产和消费结构。2017 年河南省能源生产总量共计 10091 万吨标准煤，其中原煤生产总量占全省能源生产总量的 88.6%，天然气生产总量仅占全省能源生产总量的 0.4%，说明河南省能源发展结构性矛盾比较突出，也导致了能源供需结构性矛盾亟待缓解。2016 河南省“十三五”能源发展规划指出河南省能源发展面临的形势错综复杂，国家提出到2030年左右，二氧化碳排放达到峰值，非化石能源比重提高到20%左右，同时，降低煤炭在一次能源消费中的比重，提高电煤在煤炭消费中的比重，河南省一次能源消费中非化石能源占比5.8%，比全国平均水平低6.2%，煤炭消费量占我省能源消费总量的76%左右，高于全国平均水平10%，与国家要求仍有较大差距，能源结构调整的任务十分艰巨。2017年全国和河南省能源供应结构如图3-3和图3-4所示。

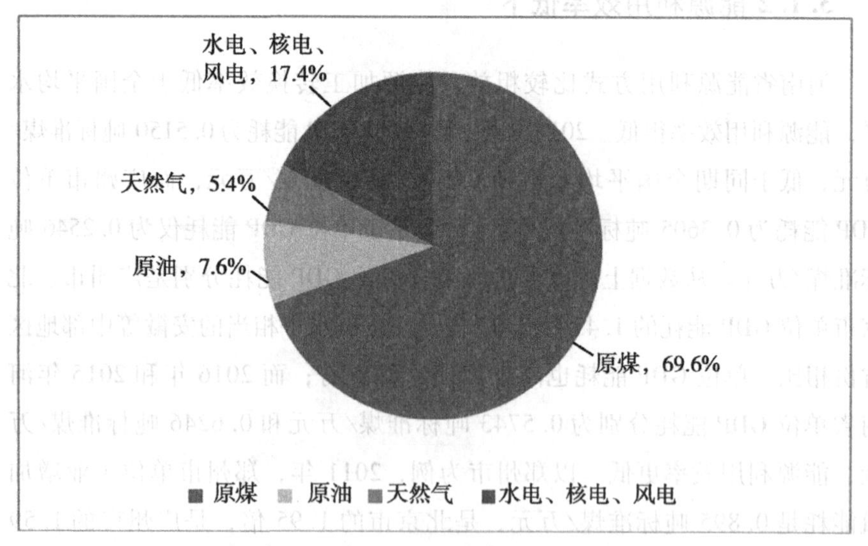

图3-3　2017年全国能源供应结构

如图3-4所示，河南省能源供应结构中煤炭所占比例远远大于全国能源供应结构中煤炭所占的比例，超出了19%，水电、核电和风电供应严重不足，落后全国平均水平10.4%。为了保证能源供应和环境的可持续发展，必须加快水电、核电和风电项目建设改善能源供应结构。

2017年河南省能源消费量达到22944万吨标准煤，根据河南省能源统计局数据显示，2017年河南省天然气源消费比重与2016年相比上升了0.7%，水电、核电和风电能源消费比重与2016年相比上升了0.6%，煤炭消费所占比重下降了1.8%，煤炭消费所占能源消费的比重依然高达73.3%。2017年全国和河南省能源消费结构如图3-5和图3-6所示。

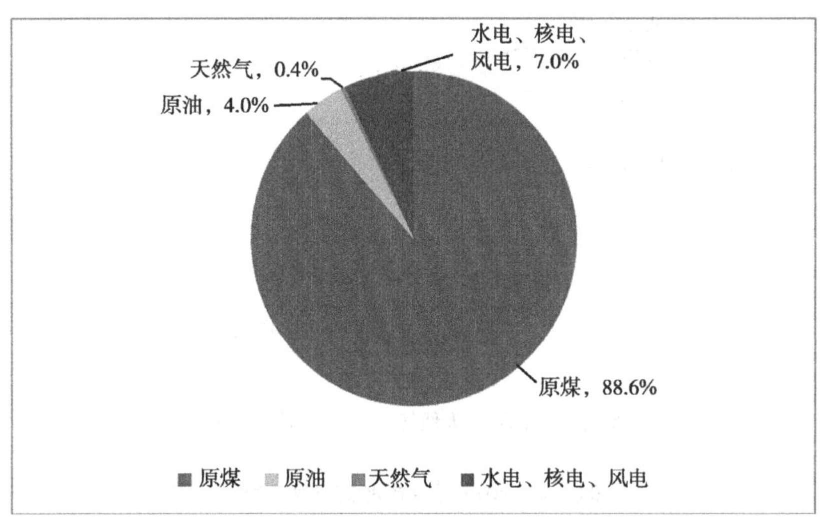

图 3－4　2017 年河南能源供应结构

如图 3－5 所示，河南省能源消费结构中煤炭的消费占重要位置，煤炭消费所占比例超出全国平均能源消费煤炭所占比例 12. 9%，天然气所占能源消费的比例低于全国平均水平 1. 1%，水电，核电和风电项目低于全国平均水平 7%，可再生能源和新能源在能源消费总量中所占的比例很低，河南省能源消费结构与国家平均水平相比需要进一步的优化。

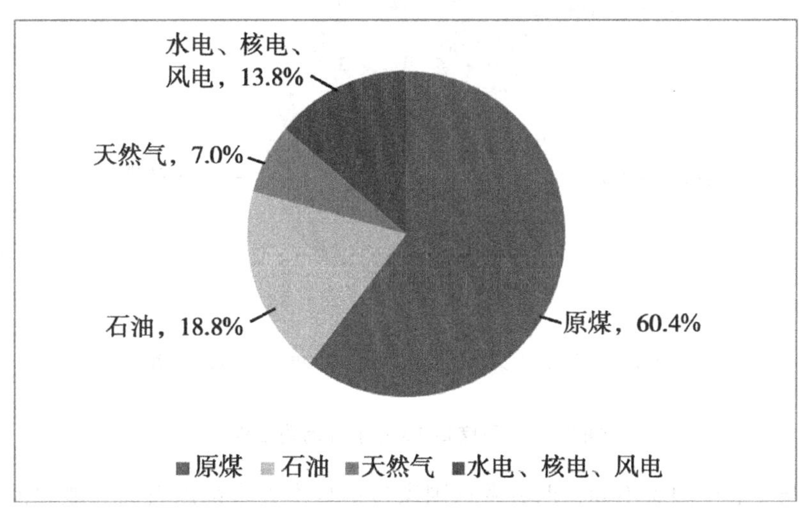

图 3－5　2017 年全国能源消费结构

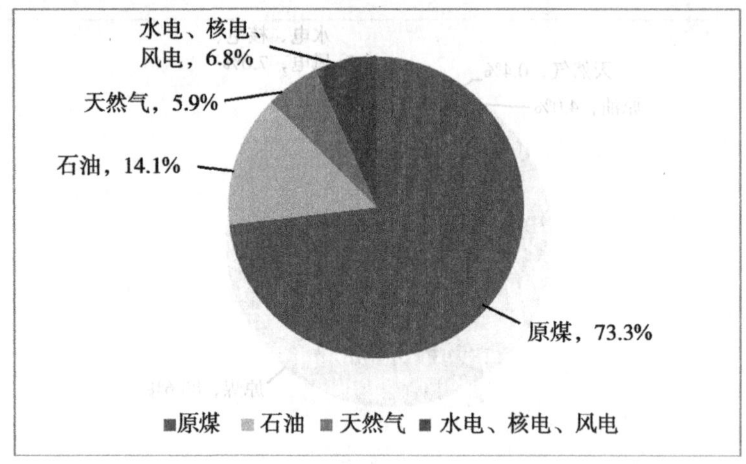

图3－6　2017 年河南能源消费结构

同样以煤炭为主要能源资源的印度，其石油资源已经在能源资源的消耗中越来越占据重要的位置。2016 年煤炭占印度能源消费量的56. 9% ，煤炭资源所占的比例已经远低于 2016 年中国煤炭占能源消耗比例的62. 0% ，石油消费量也已经达到了 29. 4% ，中国石油消耗量所占比例仅为 18. 3% ，印度 2016 年能源消费结构如图 3－7 所示。

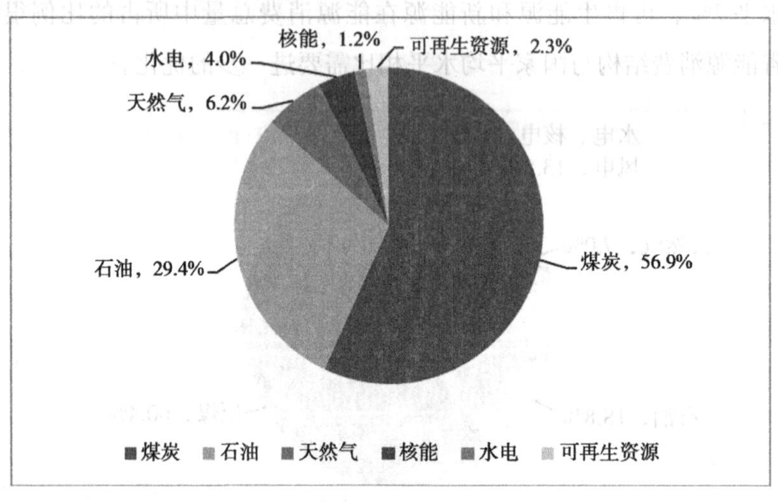

图3－7　印度 2016 年能源消费结构

与发展中国家不同，西方发达国家包括日本大多都以石油为能源消耗的主体，尤以美国、日本、英国和德国突出，石油占能源消耗的比例大约为 40%，煤炭作为第二位能源资源消耗所占比例大约在 15% ~ 25%，天然气使用所占比例超过 20%，英国在 2016 年天然气使用比例达到了 36.7%，大于中国石油、天然气和水电所占比例。美国、英国、德国、日本 2016 年能源消费结构如图 3 - 8 至 3 - 11 所示。

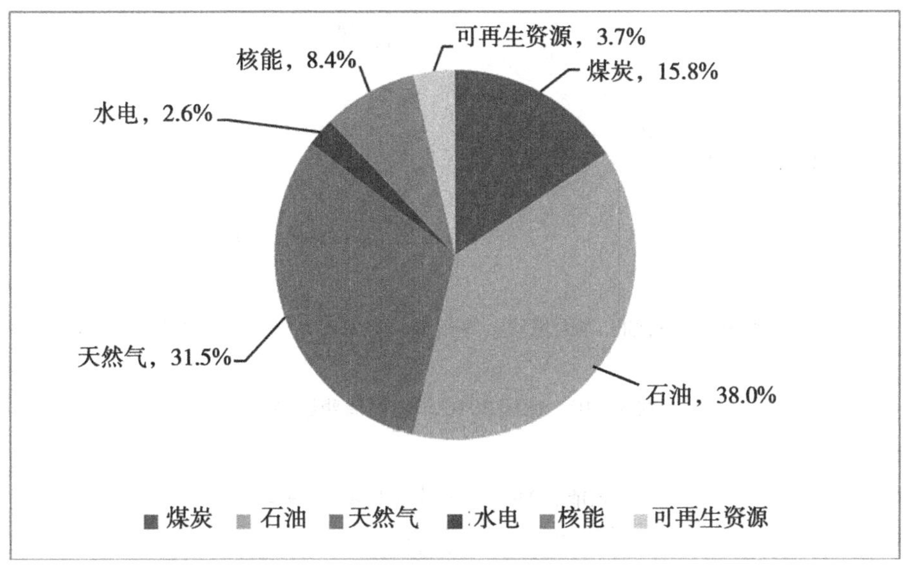

图 3 - 8　美国 2016 年能源消费结构

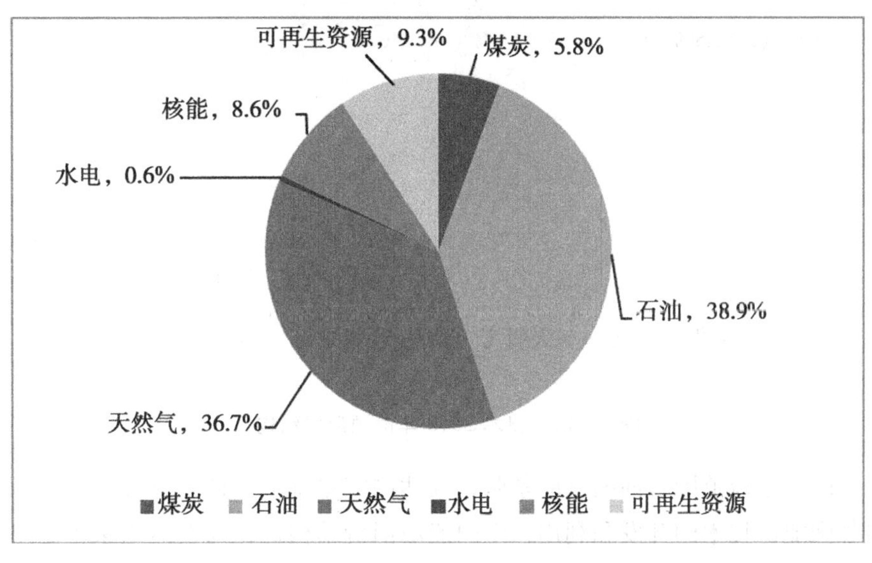

图 3 - 9　英国 2016 年能源消费结构

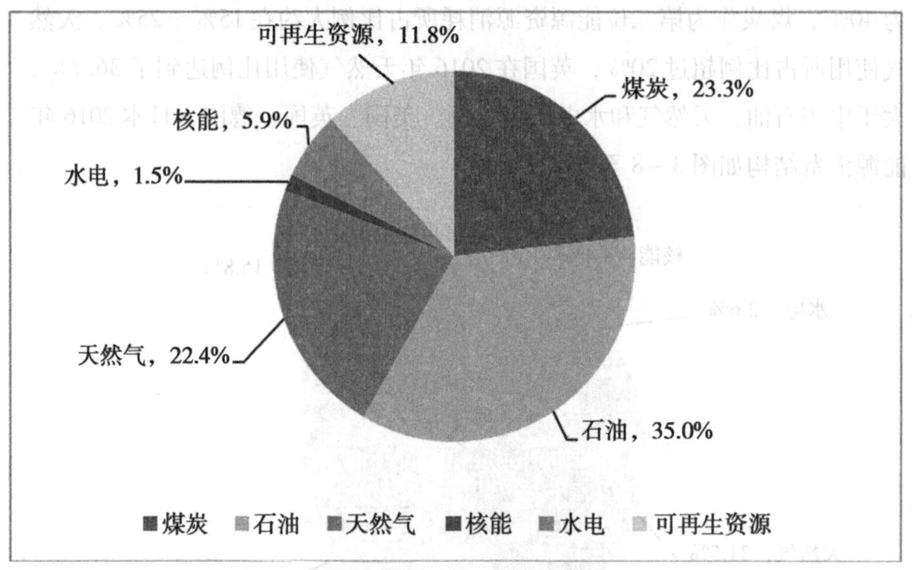

图3－10　德国2016年能源消费结构

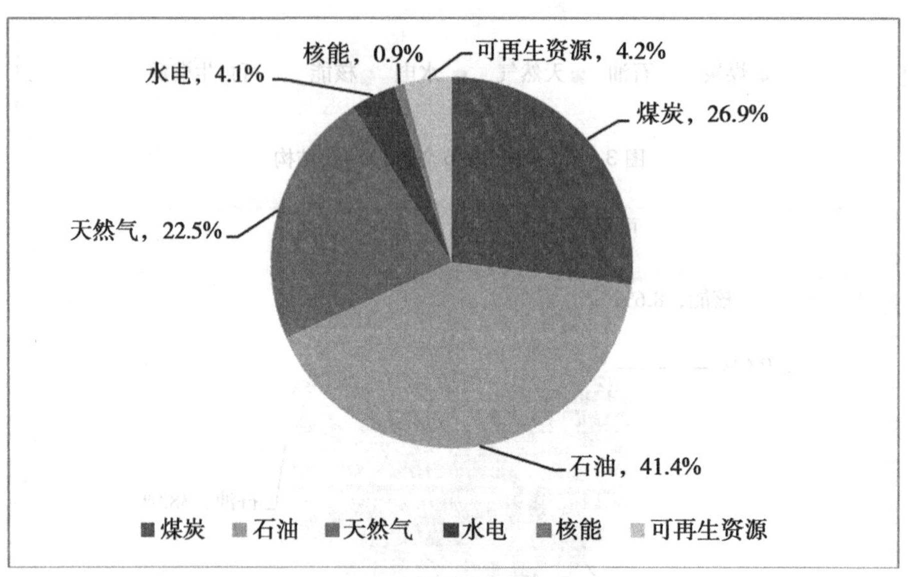

图3－11　日本2016年能源消费结构

随着全球范围石油的供应紧张，发达国家也都逐步调整能源结构，积极加强能源技术的开发和利用，中国能源消费结构优化与发达国家相比差距很大，河南省更需要进一步加快能源消费结构的优化。然而，河南省可再生能源和新能源发展比较缓慢，生物质能没有实质性进展，风能、太阳能的大面积推广受到各种因素的制约，农村沼气普及率依然比较低，富裕的秸秆等可再生能源还没有得到合理有效地利用，河南省优化能源消费结构任重道远。

3.1.4 环境污染情况呈好转态势，但问题依然严重

随着河南省能源消费量日益增长，能源消费结构长期以煤炭为主，每年由于化石燃料燃烧所造成以悬浮颗粒物和二氧化硫为主的大气污染，依然损害着居民们的身体健康，影响着城市的可持续发展。

目前，河南省污染物排放和温室气体现状虽有所好转，但依然不容乐观。2017年河南省环境质量公报显示：全省地表水总体污染程度有所减轻，全省河流水质级别为轻度污染，其中：省辖淮河流域、海河流域、黄河流域为轻度污染，长江流域为优。2017年，河南省工业废水排放量5.87亿吨，城镇生活污水排放量为35.03亿吨，其中，工业废水中化学需氧量（COD）排放量为3.12亿吨，城镇生活污水中化学需氧量（COD）排放量为39.14亿吨；工业废水中氨氮排放量为0.23万吨，城镇生活污水中氨氮排放量为5.94万吨；二氧化硫（SO_2）排放量为28.63万吨，其中工业SO_2排放量为17.71万吨，城镇生活SO_2排放量为10.92万吨；烟（粉）尘排放量22.34万吨，其中工业烟（粉）尘排放量为14.20万吨，城镇生活烟尘排放量为4.50万吨；一般工业固体废物产生量为15684.71万吨。图3－12至图3－14显示的是1996—2017年间河南省工业废水、工业二氧化硫和工业烟（粉）尘排放量及其走势回归线。

由图3－12至图3－14可知，影响环境安全的因素除固体废弃物的排放量和工业废水排放量呈现出逐渐增长的趋势之外，二氧化硫和烟尘排放量呈现不同的趋势。烟尘排放量的回归曲线都是一个四阶的多项式，工业二氧化硫排放量的回归曲线是一个五阶的多项式，都呈现先降低后上升再下降的趋势，说明河南省的大气环境质量在2006年提出节能减排，低碳经济的大环境下正在趋于好转，但形势依然严峻，资源环境的承载能力仍需大幅提高。

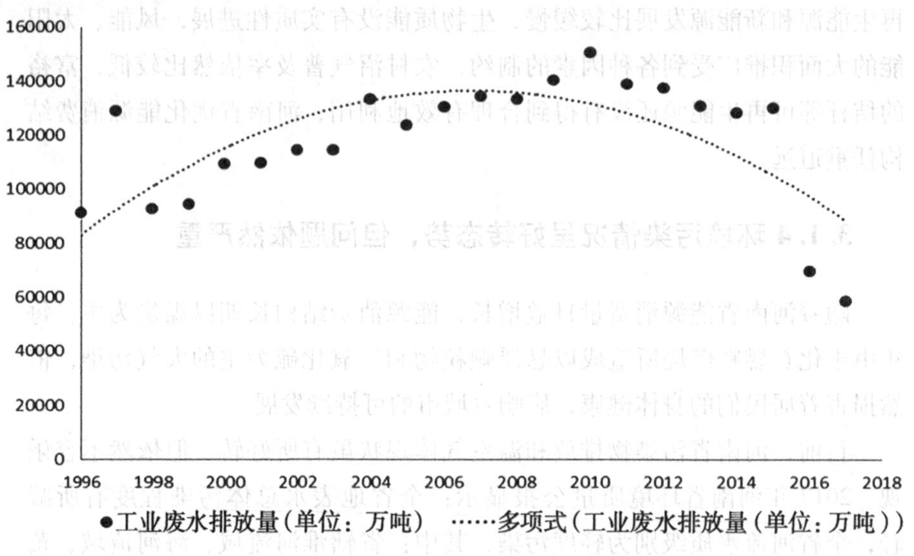

图3－12　工业废水排放量及其趋势回归线

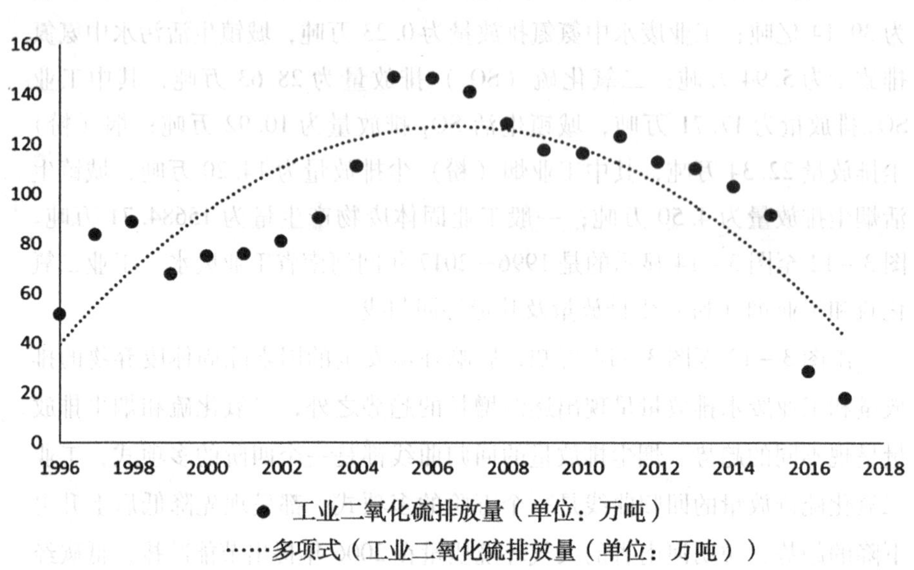

图3－13　工业二氧化硫排放量及其趋势回归线

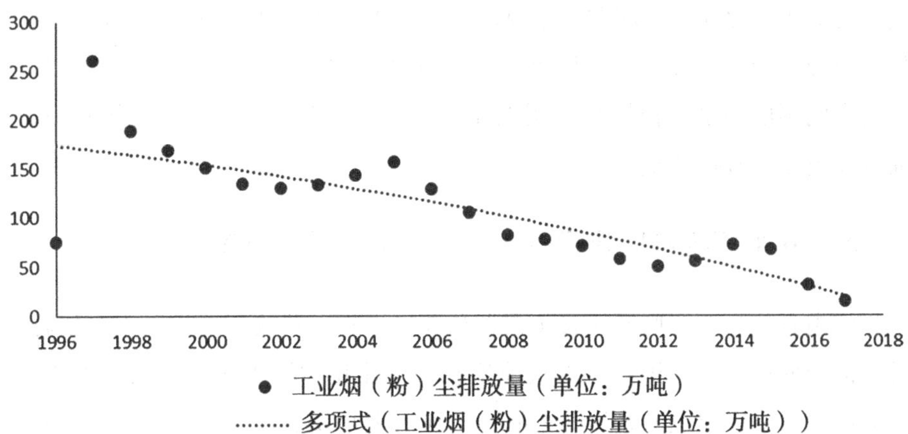

图3－14　工业固体废弃物排放量及其趋势回归线

3.1.5 能源体制改革需要进一步深化

目前，全国的能源体制主要存在以下问题：行业内部高度集中，行业分割、彼此孤立、自成体系，政府职能比较分散，缺乏应有的市场机制和持续发展的动力；信息资源分散，缺乏科学有效的统计，政府战略决策缺乏科学依据，应急管理缺乏数据支持；大型企业各自为政，政府监管权威受到挑战。河南省的能源体制也存在以下诸多问题：煤炭资源开发、管理和安全生产的监管机制不健全，部分国有煤炭企业社会责任重、科研人才匮乏，导致竞争力低下，自我增值、自我发展的能力不足。电力体制改革进程比较缓慢，区域电力市场仍然没有建立，主辅分离和输配分开没有实现，促进电网平稳健康发展的长效机制没有形成，因此农村电力体制需要更进一步规范和改革。煤炭等一次能源的价格一路上涨,行业间协调发展的机制尚未形成,同时电价形成机制需要进一步理顺。

煤炭行业，放开煤炭价格，鼓励其参与市场竞争，加快推行市场化改革，进行资本化运作；油气行业，持续进行石油价格和天然气价格改革，制定更完善的油气市场准入制度，并按照上下游各价值链区别对待原则，完善相关市场准入制度。允许符合条件的民营企业和外资企业进入各个产业环节，实现对油气上游企业实行适度集中，下游企业充分竞争的模式。

电力行业主要存在以下问题：电源地区分布不均衡，部分地区缺少电源支撑；电源结构不合理，火电比重较大；电网结构不合理，城乡配网薄弱，农村电网不能满足过快增长的用电需要；电力企业经营困难，持续亏损，尤其发电企业亏损严重。

3.1.6 中原经济区建设进一步影响河南省能源安全

河南省作为一个典型的农业大省和人口大省，从改革开放以来，随着社会的全面进步和国民经济的快速增长，工业化和城市化进程明显加快。随着中原经济区建设上升为国家战略，河南未来发展迎来了重大机遇，同时也是挑战。随着宏观经济形势变化和地方经济社会快速发展，土地、能源、电力、劳动力等要素保障也逐渐从宽松转向紧缺。在既有的产业结构下，未来河南能源保障问题将面临重大挑战。中原经济区建设对河南省能源安全的影响主要包括以下两个方面：

（1）在未来，中原经济区建设产业集聚区快速发展将成为能源主要的增长方面。2011 年河南省产业集聚区用电量占全省终端用户用电量的 36%，电量增速达 16.5%，高出非产业集聚区电量增速 3.4%。如果扣除集聚区的电解铝工业，电量同比增长达 32.8%，远高于同口径全省售电量 17.4% 的增速。电力企业经营亏损情况持续，电力供应紧张局面持续进行，预计 2025 年河南省电力缺口将达到 400 万千瓦时。

（2）中原经济建设的过程中，河南省承接沿海产业转移的趋势会更加明显。产业转移过程中，产业的快速增加要求必须有强有力的能源保证，与以往同期相比，转移的产业能源需求增量将给河南省能源供给提出新的压力，同时产业转移过程中势必会有一些污染比较严重的工业在河南建立工厂，如此将严重影响人口大省的正常生活活动，即使少有污染严重的产业，转移的产业增加了化石能源的使用，也将给河南省的生态环境造成威胁。

因此，在加强中原经济区建设的过程中，河南省要尽量减少转移污染严重的产业，减少污染，同时减少高耗能产业的转移，节约能源。

3.2 河南省能源安全的影响因素

河南省能源安全是关系可持续发展的战略性问题，能源安全的目标与国家能源安全目标一致，但是影响因素和研究的内容有所区别。影响国家能源安全的主要因素包括军事实力、地缘政治、国民经济发展水平等。河南省能源安全的前提是国家能源安全，因此对于政治和军事影响因素可以不予考虑。需要考虑的主要就是能源供给，利用效率、经济、环境可持续发展等方面的因素。

3.2.1 能源供给因素

保证能源充足的供应是能源安全的关键。一般来说，一个地区能源资源禀赋决定区域经济增长的速度。资源越丰富的地方，能源供应的安全性就越高，经济增长的保障能力就越强。能源供应因素主要包括省内自然资源禀赋、开采和运输、能源储量，还包括能源在各城市中的分配和使用，还有能源价格。

3.2.1.1 河南省自然资源禀赋

河南省地质构造复杂，蕴藏着极其丰富的矿产资源。截至 2018 年底，河南省已发现的矿产共有 151 种，其中能源矿产 10 种，金属矿产 45 种，非金属矿产 90 种。非金属矿产蓝晶石、钼、天然碱、珍珠岩、铸型用砂等矿产居全国第 1 位；能源矿产石油、煤炭、天然气，金属矿产金、银、铝和非金属矿产耐火粘土、水泥灰岩、蓝石棉、大理石等矿产储量丰富。

河南省是中国重要的能源生产基地。2018 年上半年，全省完成煤炭产量 5411.63 万吨，同比增长 4.44%，其中河南能源化工集团、中国平煤神马集团、郑煤集团等省骨干煤炭企业完成煤炭产量 5000.7 万吨，同比增长 2.32%；同时期，河南省煤炭库存同比大幅下降，保持低拉运转，截至 2018 年 6 月底，全省煤炭企业存煤 162.25 万吨，同比下降 38.9%，其中省骨干煤炭企业存煤 144.25 万吨，同比下降 40.53%。2017 年河南省原煤年产量达11688万吨，河南省居全国第7位。河南省的电力工业已经形成了包括设计、发电、供电、调整在内的一个完整的电力工业体系。平顶山拥有中国第一座设备容量最大、电位等级最高的50万伏变电站。2010年河南省依托相当数量的天然气、石油储量，建有河南油田和中原油田，2014年河南油田共生产原油241万吨，2015年中原油田生产原油182.6万吨、天然气58.5万吨、硫磺152.5万吨、油气当量767.9万吨。

3.2.1.2 自然资源储量和开采量

河南省自然资源比较丰富，已探明的自然资源储量总量较大，然而人均拥有量却比较少。据2017年数据，河南省垂深2000米以浅含煤面积约有18900平方千米，其中已探明面积约面积约3800平方千米，预计垂深1500米以浅赋存煤炭储量600.69亿吨，其中保有储量237.34亿吨，预测储量363.35亿吨(可靠级为218.72亿吨)。煤炭累计查明资源储量和保有资源储量均居全国第10位，河南省现有煤炭查明资源量还可开采50年。

我省煤炭资源丰富，同时开采量也比较大，曾连续19年原煤产量位居全国第2位。2005年河南省原煤产量达到18亿吨；2006年增加7百万吨，原煤产量多年居全国第3位；而最新数据表明2018年原煤产量已落后于内蒙古自治区、山西省、陕西省、新疆维吾尔自治区、贵州省、山东省和安徽省降至全国第8名，煤矿储采比（保有储量/历年开采量）低于全国平均水平，属于强力开发，后备资源严重不足。虽然河南省煤炭资源比较丰富，但由于管理水平、技术条件、产业构成等多方面原因，河南省煤炭企业一直存在着开采技术落后、安全状况差等突出问题，因而事故多发，资源浪费、环境污染现象十分严重。

3.2.2 利用效率因素

能源的利用效率直接影响着河南省能源的可持续发展。河南省石油资源匮乏，而且改革开放以来，能源利用效率一直很低，高投入、高能耗、高排放、高污染的粗放型经济增长方式，既严重浪费了能源资源，又对生态环境造成了危害。而造成河南省能源利用效率低下的主要原因是由于人们缺乏节约能源的意识，低碳经济和低碳城市，低碳生活的理念没有全民普及，这只会越来越加大能源安全的局势。利用效率是产业结构、技术进步、能源结构的综合体现。科学的产业结构、先进的用能技术、合理的能源结构都将有利于提高能源的利用效率。提高能源利用效率是确保能源安全和实现经济社会可持续发展的必然选择。

3.2.3 经济因素

经济增长对能源安全的影响是间接起作用的。党的十九大报告指出，我国经济已由高速增长阶段转向高质量发展阶段，正处在转变发展方式、优化经济结构、转换增长动力的攻坚期，必须始终高度重视发展壮大实体经济，不能走单一发展、脱实向虚的路子，发展实体经济就一定要把制造业搞好，当前特别要抓好创新驱动，掌握和运用好关键技术。然而河南省实体经济存在的产业空心化、制造业科技水平不够高、处于产业链中低端水平、科技创新体制有待完善等突出问题。实现经济增长的方式，成本高，能耗大，资金都用来投资生产要素，科技研发投入比较少，只是简单的产品制造工厂，产品缺少核心竞争力，经济效益较低。数据显示河南省经济增长对能源的依赖程度在逐年增加，能源安全形势严峻，并且经济增长对传统能源需求旺盛，将不利于河南省进一步扩大能源结构。能源、经济、环境系统之间的内在关系如图 3 – 15 所示。

3.2.4 人口因素

河南省一直以来是全国的人口大省，随着改革开放的加深，城镇化进程的逐步推进，广大居民的生活水平持续提高，人均国民收入持续增加，消费水平不断提高，需求拉动供给。资源是有限的，人口增长和消费水平的提高导致能源消耗量不断增长，能源消费的增长率也在不断上升。虽然改革开放以来中国确定了计划生育的控制人口增长的政策，提高了人口质量。但是河南省劳动力资源素质低不能很快得到改善，在劳动力素质普遍较低的条件下，能源的利用效率也会较低，从而导致能源消耗量的增加。

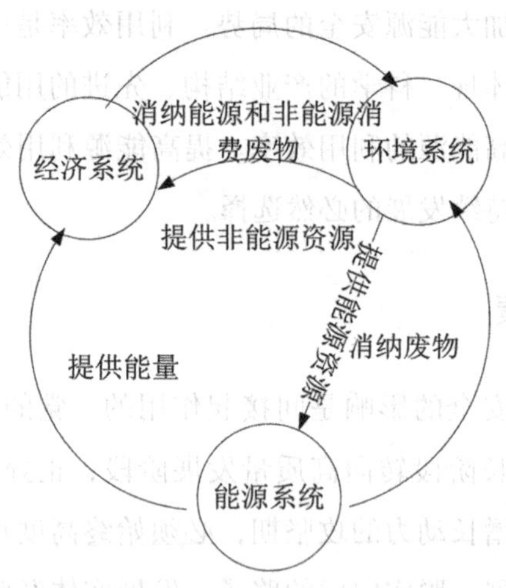

图3－15　能源－经济－环境系统的内在关系

河南省人口与能源分布不匹配，能源需要各地之间协调调配，运输消耗比较大，进一步造成了能源的浪费[132]。

3.2.5 环境因素

当前工业化和城镇化过程中，中国经济社会发展对能源的依赖程度远大于西方发达国家。2020年，满足中国经济社会发展的一次能源量超过32亿吨标准煤。能源消费量比2000年增长2.5倍以上。按照当前的经济模式继续依靠消耗能源发展，与中国可持续发展的长期战略的内涵相悖。如果能源不实行可持续发展战略，不久的将来，能源的开采和转换利用对国家能源安全、环境、经济社会和谐发展、公众身体健康等都会产生重大的影响。

全球气候变化直接产生的后果就是高温、干旱、雨雪灾害频频不断地发生。在中国，各省地区为了调节室内温度而消耗的能源量在不断地增加。以至于在每年的夏季和冬季，许多省份和城市都不同程度地出现了电荒。因此，当前气候问题等环境问题已经与能源问题连在了一起，彼此之间相互联系相互影响。

研究各国经济社会发展的过程可以发现，能源供应技术和能源战略受到环境约束十分显著。通常情况下，环境因素比资源因素对发展更具决定性作用。2016年3月16日通过的《中华人民共和国国民经济和社会发展第十三个五年规划》，把能源消费引起的环境问题纳入到国民经济社会发展重大问题考虑范围之列，提出了推进能源消费革命的战略举措。环境问题将制约着中国可持续发展，正确理解和处理能源与环境的关系，实施保护环境的能源安全战略成为发展必须要解决的重要问题。

3.3 基于因子分析法的河南省能源安全评价研究

经济的快速发展导致能源安全的压力在逐步增大，构建完善、科学、有效的能源安全评价指标体系对河南省能源安全程度进行评价迫在眉睫。

3.3.1 能源安全评价指标体系设计

3.3.1.1 能源安全评价指标体系的构建原则及方法

（1）能源安全评价指标体系的构建原则。选择有效的指标来构建能源安全评价指标体系是取得科学评价效果的关键所在。而能源安全系统内部层次众多、结构复杂，各个子系统之间既相互作用，又相互影响。因此，指标的选择首先能够反映能源安全的各个方面；其次，要能够反映出现在和未来河南省能源安全的状态特点和变化趋势；最后，要能够反映出河南省能源安全各个方面的相互协调和影响的关系。因此，要构建出科学有效的评价指标体系，必须遵循以下原则：

1）科学性原则。能源安全的影响因素很多，各个因素之间紧密联系，所选取的指标要能够全面客观地放映能源安全影响因素之间的规律。

2）可操作原则。主要是指用于评价的指标数据要能够通过全国的或者地方的统计年鉴和能源统计年鉴中获得，也要考虑使用统一口径一致的数据。另外，要保证数据的标准化，以保证所选取的数据能够对比分析。

3）简单性原则。能源安全评价涉及方面非常广泛，若是面面俱到可以构建出很多指标，这样增加了具体操作的困难性。因此，指标体系的设置一定要选择一些具有代表性的综合指标，用所选的较少的指标反映出能源安全问题中的关键因素。

4）动态性原则。能源安全状况的变化是一个动态变化的过程，指标体系要通过不同时点的指标修正、补充灵活地显现能源安全动态变化过程。

（2）能源安全评价指标体系的构建方法。本书选取指标体系是在满足以上指标选取原则的基础上，建立指标体系，同时考虑到指标体系数据的可操作性和可得性，进一步筛选指标体系，最后形成评价指标体系。具体筛选指标过程如图3－16所示。

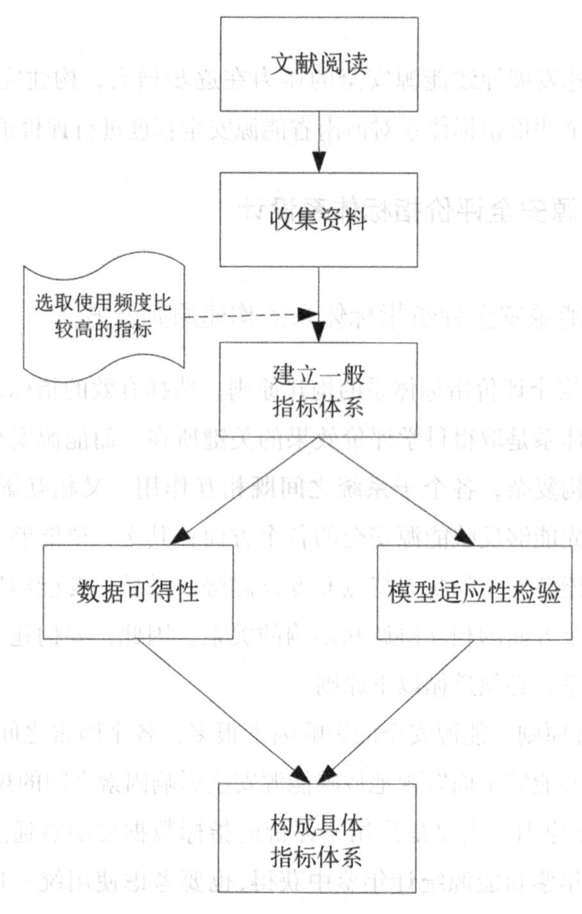

图3－16　筛选指标流程图

3.3.1.2 能源安全评价指标体系的构建

通过前面章节的分析可以看出，河南省能源安全涉及资源、经济、社会人口、环境等众多因素，因此能源安全的评价是一个复杂的系统问题，构建的指标体系要综合、完善、科学有效地进行评价。本书在充分考虑能源安全影响因素的情况下，根据指标体系构建原则，广泛查阅文献，归纳和梳理了各文献中的评价指标，选出具有代表性、能够收集到的数据，并通过模型检验的指标建立评价体系，设计了包括供应经济、人口、环境4个一级指标、13个二级指标的河南省能源安全指标体系，具体见表3-1。

表3-1 能源安全评价指标体系

目标层	准则层	指标层
能源安全度	供应因素	能源对外依存度（X_1）
		能源产销比（X_2）
	经济因素	产业结构中第三产业所占比重（X_3）
		产业结构中第二产业所占比重（X_4）
		能源消费弹性系数（X_5）
		电力消费弹性系数（X_6）
		单位GDP能耗（X_7）
	人口因素	人口增长率（X_8）
		人均能耗（X_9）
	环境因素	可再生能源使用比率（X_{10}）
		科研人数占总人数的比重（X_{11}）
		单位GDP二氧化硫排放量（X_{12}）
		单位GDP烟尘排放量（X_{13}）

能源对外依存度是指能源的消费量与进口量的比值，反映一个国家和

地区能源消费对外进口的依赖程度，是能源安全程度的重要指标。用河南省能源从外省调入量与能源消费总量的比值作为河南省能源对外的依赖程度。能源对外依存度越高，越不利于保障区域能源安全，与区域能源安全呈负相关关系。计算公式为

$$\alpha = \frac{Q_1}{Q_2} \tag{3-1}$$

式中，α 为对外依存度；Q_1 为从外省调入能源量；Q_2 为河南省能源消费总量。

影响能源消费的一个重要因素就是产业结构。三次产业中能耗比较大的是第二产业。第二产业主要包括工业和建筑业等高耗能行业，其中工业又包括制造业，采掘业，水、电、煤、气的生产和供应等产业。第三产业主要包括流通部门与生产和生活服务部门。其中，流通部门包括邮电通讯业、交通运输业、物资供销和仓储业以及饮食业；生产和生活服务部门包括金融业、保险业、房地产管理业、地质普查业、公用事业、旅游业、服务业、信息咨询等各类技术服务业。进一步调整和优化产业结构，对提高河南省能源安全的程度具有很大的作用。选用三次产业结构中具有代表性的第二、三产业作为指标，计算公式为

$$\beta_1 = \frac{V_1}{V} \tag{3-2}$$

$$\beta_2 = \frac{V_2}{V} \tag{3-3}$$

式中，β_1 为第二产业在产业结构中比重；β_2 为第三产业在产业结构中比重；V_1 为第二产业增加值；V_2 为第三产业增加值；V 为总增加值。

能源消费弹性系数主要是研究国民经济社会发展速度与能源消费增长速度的关系，同时能源消费弹性系数的增长变化与国内经济产业结构、能源利用效率甚至人民生活水平等因素都密切相关。当国民经济中高能耗的部门所占比重大，但科学技术水平还很低的情况下，能源消费增长速度比国民生产总值的增长速度快，即能源消费弹性系数大于1。随着科学技术水平的进步，能源利用效率的提高，国民经济产业结构的变化，能源消费弹性系数会普遍下降。计算公式为

$$\eta_1 = \frac{\Delta_1}{\Delta_2} \tag{3-4}$$

式中，η_1 为能源消费弹性系数；Δ_1 为能源消费量年平均增长率；Δ_2 为国民经济年平均增长率。

电力消费弹性系数反映的是电力消费的增长速度和国民经济增长速度之间的比例关系。计算公式为

$$\eta_2 = \frac{\Delta_3}{\Delta_4} \tag{3-5}$$

式中，η_2 为电力消费弹性系数；Δ_3 为电力消费年平均增长率；Δ_4 为GDP 年平均增长率。

单位 GDP 能耗是反映能源消耗和节能减排的重要指标，该指标直接反映一个国家经济发展对能源的依赖程度；是一个能源利用效率的主要指标，间接反映经济产业结构状况、能源消费构成、能源利用效率的变化；更间接地反映了节能减排的各项政策措施所取得的成果。计算公式为

$$\gamma = \frac{Q_2}{\text{GDP}} \tag{3-6}$$

式中，γ 为单位 GDP 能耗；Q_2 为河南省能源消费总量；GDP 为河南省生产总值。

人口增长率是反映人口增长与能源消费的关系。人口增长将直接导致生活能源消耗的增加，同时消费的增加将导致生产经营活动的增加，也会导致生产能源消耗的增加。2011 年河南省能源消费增长 8.539%，而 2010 年河南省人口增长率为 4.712%，可见能源消费的增长速度远大于人口的增长速度。人口增长对能源安全呈现负相关关系。计算公式为

$$\delta = \frac{P_1}{P_2} \tag{3-7}$$

式中，δ 为人口增长率；P_1 为前一年人口总量；P_2 当年人口总量。

人均能耗是反映能源消耗的人均水平，计算公式为

$$\nu = \frac{T}{P} \tag{3-8}$$

式中，ν 为人均能耗；T 为总能耗；P 为人口总量。

单位 GDP 二氧化硫排放量、单位 GDP 烟尘排放量主要是单位 GDP 所产生的污染物量，是反映能源消耗所产生的环境影响的主要指标。计算公式为

$$\mu = \frac{S}{\mathrm{GDP}} \tag{3-9}$$

$$\omega = \frac{Y}{\mathrm{GDP}} \tag{3-10}$$

式中，μ 为单位 GDP 二氧化硫排放量；S 为二氧化硫排放量；GDP 为河南省地区生产总值；ω 为单位 GDP 烟尘排放量；Y 为烟尘排放量。

可再生能源使用比率（记天然气）是反映能源消费结构的主要指标。可再生资源对环境危害很小。中国能源消费结构中煤炭比例过高，导致二氧化碳排放增加较快，对气候变化影响很大，使用可再生资源是保护环境、应对气候变化的重要措施。计算公式为

$$\psi = \frac{C}{Q_2} \tag{3-11}$$

式中，ψ 为可再生能源使用比率；C 为天然气年消费量；Q_2 为河南省能源消费量。

科研人员所占总人口的比重主要说明技术进步对能源消费的影响情况。计算公式为

$$\phi = \frac{B}{P} \tag{3-12}$$

式中，ϕ 为科研人员在总人口中所占的比重；B 为河南省科研人数的数量；P 为河南省人口总量。

3.3.2 因子分析法概述

3.3.2.1 因子分析法的基本概念

因子分析起源于20世纪初 Karl Pearson 和 Charles Spearmen 关于智力测验的统计分析。目前，因子分析已经成功地应用于气象学、心理学、医

学、经济学等各个领域，并因此促进了该理论的不断丰富和完善。

在该模型中，因为经济指标具有相关性，所以假定每个变量由独有因子（unique factors）和公共因子（common factors）两部分组成。独有因子是该变量本身具有的别的变量不具有的部分，该部分不能够被公共因子表示；公共因子是每个变量中都具有的部分，说明的是各个变量之间的相关性。因子分析过程中原始变量与提取出来的公共因子之间的相关关系用因子负荷矩阵表示[133]。

因子分析的理论模式如下

$$Z_j = a_{j1}F_1 + a_{j2}F_2 + a_{j3}F_3 + \cdots + a_{jm}F_m + U_j \tag{3-13}$$

写成矩阵形式为

$$\boldsymbol{Z} = \boldsymbol{AF} + \boldsymbol{U}$$

式中，Z_j（$j = 1,2,3\cdots,n$，n 为原始变量总数）为第 j 个原始变量的标准化分数；F_i（$i=1,2,\cdots,m$）为公共因子，m 为提取出来的所有原始变量公共因子的个数；U_j 为变量 Z_j 的独有因子；a_{ji} 为因素负荷。

因子分析方法具有以下几个方面的特点：

（1）因子分析提取的因子变量是重组原始变量的信息，它能够反映出原始变量所包含的大部分信息。

（2）因子的个数远远少于原始变量的个数，对因子进行分析减少了分析原始变量过程中的计算工作量。

（3）各公共因子之间不存在线性相关关系，对变量的分析比较方便。

（4）因子具有命名解释性，即因子变量是对原始变量的信息的综合反映。

3.3.2.2 因子分析数学模型中的相关概念

（1）因子载荷。在各因子变量互不相关的情况下，因子载荷 a_{ji} 就是第 j 个原始变量与第 i 个因子变量之间的相关系数，即 Z_j 在第 i 个因子变量上的相对重要性。因此 a_{ji} 绝对值越大，则公共因子 F_i 和原始变量 Z_j 的关系就越强，同时因子载荷 a_{ji} 也可以反映公共因子 F_i 对原始变量 Z_j 的重要作用和程度。

(2) 共同性（变量共同度）。共同性是用来衡量因子分析效果的主要依据。共同性，也称为公共方差，是指各公共因子对原始变量 Z_j 的总方差解释比例。共同性表明了原始变量方差中被公共因子解释的部分，变量共同度越大，变量能被因子说明的程度就越高，也即公共因子可解释该原始变量的方差越多。原始变量 Z_j 的共同度是因子载荷矩阵 A 中第 j 行元素的平方和，即为

$$h^2 = \sum_{i=1}^{m} a_{ji}^2 \tag{3-14}$$

变量共同度表示了公共因子 F_i 对原始变量 Z_j 信息解释的程度，是评价原始变量 Z_j 信息丢失程度的重要指标。如果原始变量的共同度比较低，如果低于80%，表示抽取的公共因子反映原始变量的信息不超过80%，将会有超过20%的信息丢失，评价结果严重偏离经济现实；如果原始变量的共同性高于80%，说明公共因子能够反映原始变量80%以上的信息，只有较少的信息会丢失，因子分析的效果比较好。

(3) 因子的方差贡献（特征值）。公共因子 F_i 的方差贡献主要反映公共因子 F_i 对原始变量 Z_j 总方差的解释程度。公共因子 F_i 的方差贡献是因子载荷矩阵 A 中第 i 列元素的平方和，即为

$$S_i^2 = \sum_{j=1}^{n} a_{ji}^2 \tag{3-15}$$

该值越高，说明该公共因子的具有很高的重要性。因此，因子的方差贡献是衡量公共因子重要性的重要指标。

3.3.2.3 因子分析的步骤

因子分析法的主要目标是对原始变量提取出公共因子，因此因子分析主要涉及以下基本步骤：

(1) 因子分析检验。因子分析之所以能够提取出公共因子，是因为各个原始变量之间存在着比较强的相关关系，否则，原始变量如果相互独立，信息不存在交叉，那么各个原始变量之间不能够提取出公共因子，就没有必要进行因子分析。所以，在进行因子分析之前要检验原有变量是否

存在相关关系，也即是否适合进行因子分析。SPSS 常用的检验是否适合作因子分析的方法有：

1）Bartlett 球体检验（Bartlett test of sphericity）。该检验的目的主要是检验变量相关矩阵是否是单位矩阵（identity matrix），如果相关矩阵是单位矩阵，就认为因子模型不合适。该检验的原假设为相关矩阵是单位矩阵，备择假设是相关矩阵不是单位矩阵。如果检验结果不能拒绝原假设，就表明变量数据不适合用于因子分析。通常情况下，显著性水平值以0.05为界，显著性水平值小于 0.05，表明原始变量之间可能存在较有意义的相关关系，显著性水平越大，大于 0.01 时表明原始变量之间不具有相关关系，不适宜于做因子分析，需要更换方法或者调整原始变量。

2）KMO（Kaiser - Meyer - Olkin Measure of Smapling Adequacy）。KMO 是 Kaiser - Meyer - Olkin 的取样适当性量数。KMO 测度的值越高（接近 1.0 时），表明变量间的公共因子越多，变量数据适合作因子分析。通常情况下：KMO 值达到 0.9 以上表示作因子分析效果非常好，0.8 ～ 0.9 之间表示作因子分析效果好，0.7 ～ 0.8 之间作因子分析效果可以，0.6 ～ 0.7 之间作因子分析效果比较差，0.5 ～ 0.6 之间作因子分析效果非常差。如果 KMO 测度的值低于 0.5 时，表明样本偏小，需要扩大样本。

（2）因子提取。通过分析原始变量之间的相互关系，从中提取出数量较少的因子。公共因子抽取的方法主要有一般化最小平方法、最大概似法、主成分分析法（PCA）、未加权最小平方法、主轴因子法等。最常使用的是 PCA 与主轴因子法，国内学者们普遍使用的是 PCA。公共因子数目的确定目前常用的方法是根据特征值的大小确定数量。通常选取特征值大于等于 1 的主成分作为公共因子，而放弃特征值小于等于 1 的主成分。

（3）因子旋转。因子分析分析的结果保证了因子之间不相关，但是因子对变量的解释能力比较弱，反映在因子载荷矩阵上就是因子载荷数值分布比较分散，即值处于 0 和 1 中间值的比较多，不容易解释和命名。这时通过模型的旋转变换，使得公共因子的负荷值更接近 1 和 0，让值处于两极，这样得到的公共因子比较容易解释和命名。常用的旋转方法有两种正交旋转法和斜交旋转法，其中正交旋转法包括四次方最大值法、最大方差法、相等最大值法等，斜交旋转法包括 Promax 转轴法和直接斜交旋转法。在实际研究中，主要采用直交旋转，尤以最大方差旋转法运用比较广泛。如果经过正交旋转变换后公共因子仍然不具有解释性，可以运用斜交旋转变换得到比较容易解释的因子。

（4）计算各样本的因子得分和综合得分。使用因子来表示原始变量，需要建立因子与原始变量的线性关系，可以在进一步的分析中用提取出来的因子代替原始变量参与数据建模。本步骤正是通过建立线性方程计算各样本在各个公共因子上的得分，并进一步计算综合得分。

3.3.3 基于因子分析法的河南省能源安全评价

3.3.3.1 适应性检验

河南省 1996—2017 年共 17 年的 10 个有关能源安全的指标数据①，将其标准化后运用 SPSS 软件对指标进行 KMO 测度和巴特利球体检验，检验结果见表 3－2。

表 3－2　KMO 测度和巴特利球体检验结果

取样足够度的 Kaiser－Meyer－Olkin	度量	0.734
Bartlett 的球形度检验	近似卡方	257.916
	df	78
	Sig.	0.000

由表 3－2 的分析结果可以看出，第一行的 KMO 检验结果为 0.734，大于 0.7 表示适合做因子分析，第二行的巴特利球体检验显示的显著性水平为 0，表示原假设被拒绝，相关矩阵不是单位矩阵，研究数据适合因子分析。

①河南省统计年鉴（2018），河南省环境状况公报（1997—2018）河南省国民经济和社会发展统计公报（1996—2017）。

3.3.3.2 因子提取

因子分析法因子提取方法一般采取主成分分析法。运用 SPSS 统计软件按照上面的步骤首先将数据进行标准化后，根据标准化后得到的矩阵求出相关矩阵，并求出特征值和特征向量，然后求出方差贡献率和累计方差贡献率来确定提取因子的个数。各成分的方差贡献率和累计方差贡献率见表3－3。

表3－3　各成分的方差贡献率与累计方差贡献率

成分	初始特征值			提取平方和载入			旋转平方和载入		
	合计	方差的%	累积%	合计	方差的%	累积%	合计	方差的%	累积%
1	8.062	62.016	62.016	8.062	62.016	62.016	7.605	58.500	58.500
2	2.468	18.987	81.004	2.468	18.987	81.004	2.234	17.186	75.686
3	1.001	7.703	88.707	1.001	7.703	88.707	1.693	13.021	88.707
4	0.538	4.136	92.843	—	—	—	—	—	—
5	0.475	3.650	96.493	—	—	—	—	—	—
6	0.189	1.455	97.948	—	—	—	—	—	—
7	0.123	0.945	98.893	—	—	—	—	—	—
8	0.085	0.653	99.546	—	—	—	—	—	—
9	0.028	0.216	99.762	—	—	—	—	—	—
10	0.021	0.158	99.920	—	—	—	—	—	—
11	0.005	0.036	99.956	—	—	—	—	—	—
12	0.003	0.027	99.983	—	—	—	—	—	—
13	0.002	0.017	100.000	—	—	—	—	—	—

注：因子的提取方法为主成分分析法。

根据累计方差贡献率大于85%和特征值大于1的标准，表中前3个主成分基本上包括了所选取的13个指标的信息，因此提起前3个主成分作为能源安全评价的公因子。

3.3.3.3 因子旋转

为了更好地解释能源安全影响因子，本书选用具有 Kaiser 标准化的正交旋转法对得到的因子载荷矩阵进行旋转变换，旋转后的成分矩阵见表3－4。

表3－4　成分矩阵

指标	成分		
	1	2	3
能源对外依存度	0.797	0.007	0.107
能源产销比	－0.493	－0.155	0.816
第三产业占的比重	－0.309	0.534	－0.718
第二产业占的比重	0.957	0.178	－0.050
能源消费弹性系数	－0.044	0.885	－0.093
电力消费弹性系数	0.144	0.760	－0.227
单位 GDP 能耗	－0.956	－0.012	0.281
人口增长率	－0.700	－0.633	－0.022
人均能耗	0.968	0.108	－0.106
可再生能源占使用的比率	0.980	0.044	－0.120
科研人数占总人口的比例	0.940	－0.232	－0.117
单位 GDP 工业二氧化硫排放量	－0.783	－0.154	0.547
单位 GDP 工业烟尘排放量	－0.945	－0.200	0.140
提取方法：主成分分析法、已提取了 3 个成分			
旋转方法：具有 kasier 标准化的正交旋转法			
旋转在 5 次迭代后收敛			

由表 3-4 可以看到，第一因子的指标主要是人口和环境指标，包括人均能耗、可再生能源使用比率和科研人数占总人口的比例，因此可以定义为人口环境因子；第二因子的指标主要是经济指标，包括能源消费弹性系数、电力消费弹性系数、第三产业所占产业结构的比重，因此可以定义为经济因子；第三因子的主要指标是能源供应指标，即能源产销比，因此可以定义为能源供应因子。因子得分越高，表明对能源安全影响能力越大。

3.3.3.4 构建公因子得分矩阵

本书通过回归法得到了公因子的得分系数矩阵，见表 3-5。根据得分矩阵构建公因子表达式如下：

$$f_1 = 0.133X_1 + 0.017X_2 - 0.135X_3 + 0.137X_4 - 0.031X_5 - 0.015X_6 - 0.114X_7 - 0.099X_8 + 0.134X_9 + 0.135X_{10} + 0.134X_{11} - 0.056X_{12} - 0.125X_{13}$$

$$f_2 = 0.02X_1 + 0.144X_2 + 0.107X_3 + 0.071X_4 + 0.47X_5 + 0.361X_6 + 0.085X_7 - 0.349X_8 - 0.017X_9 - 0.023X_{10} - 0.176X_{11} + 0.075X_{12} - 0.059X_{13}$$

$$f_3 = 0.178X_1 + 0.569X_2 - 0.474X_3 + 0.114X_4 + 0.162X_5 + 0.039X_6 + 0.12X_7 - 0.268X_8 + 0.05X_9 + 0.022X_{10} - 0.055X_{11} + 0.318X_{12} - 0.045X_{13}$$

根据标准化后的数据，得到各公因子的得分见表 3-6。表 3-6 中，F 为综合得分，我们以主成分方差贡献率为权重，综合得分 F 的公式表达式为

$$F = 0.62016f_1 + 0.18987f_2 + 0.07703f_3$$

表 3-5 得分矩阵

指标	成分		
	1	2	3
能源对外依存度	0.133	0.021	0.178
能源产销比	0.017	0.144	0.569
第三产业占的比重	-0.135	0.107	-0.474
第二产业	0.137	0.071	0.114
能源消费弹性系数	-0.031	0.470	0.162
电力消费弹性系数	-0.015	0.361	0.039
单位 GDP 能耗	-0.114	0.085	0.120
人口增长率	-0.099	-0.349	-0.268
人均能耗	0.134	0.017	0.050
可再生能源占使用的比率	0.135	-0.023	0.022
科研人员占总人数的比例	0.134	-0.176	-0.055
单位 GDP 工业二氧化硫排放量	-0.056	0.075	0.318
单位 GDP 工业烟尘排放量	-0.125	-0.059	-0.045

表 3-6 各公因子的得分

年份	因子			
	f_1	f_2	f_3	F
1996	-0.81609	-0.62594	2.4085	-0.43967
1997	-0.6517	-0.93086	1.25769	-0.48422
1998	-0.8086	-0.57035	0.72318	-0.55429
1999	-1.1645	-1.78415	-1.51471	-1.17796
2000	-0.82232	-0.3552	-1.06954	-0.66005
2001	-0.68452	0.37149	-0.96127	-0.42823
2002	-0.56614	0.93523	-0.70529	-0.22802

续表

年份	因子			
	f_1	f_2	f_3	F
2003	-0.53993	1.73097	-0.21371	-0.02281
2004	-0.20573	1.97538	0.63749	0.296524
2005	0.10043	0.15918	0.17335	0.105889
2006	0.60188	0.16685	0.01721	0.406448
2007	0.74476	0.41242	-0.57709	0.495947
2008	1.22959	-0.34106	-0.16667	0.685316
2009	1.44296	-0.88984	-0.44694	0.691917
2010	2.13992	-0.25414	0.43781	1.313206
2011	1.63688	-0.14580	2.43020	1.17464
2012	1.32341	-0.29620	1.64670	0.89133
2013	0.92068	-0.24590	1.00630	0.60180
2014	0.69323	-0.92830	-0.47970	0.23569
2015	0.53441	-0.09960	-0.01440	0.31140
2016	0.34556	-0.08971	0.14562	0.20849
2017	0.27224	-0.07893	-0.11231	0.14519

为了直观地显示表 3-6 所示结果，将影响能源安全的 3 个公因子得分用图 3-17 表示。

由图 3-17 可以看出，第一因子人口环境因子的得分在 2010 年之前在逐年增大，说明 2010 年之前河南省人口增长和环境的恶化对能源安全的影响越来越大，2010 年之后，人口环境因子的得分呈下降趋势，表明人口增长和环境好转对能源安全的影响逐步变小；第二经济因子和第三能源供应因子的得分呈现波动性，大致走势相同，在“九五”期间影响越来越大，在“十五”期间影响程度有所下降，在“十一五”期间两者影响程度都没有明显变化，在“十二五”期间两者影响都呈现了先增大后变小的趋势，说明经济因素和供给因素对能源安全的影响具有不稳定性。因子的综合得分在2010年前后呈现了相反的变化趋势，2010年之前总体上呈现出上升的趋势，表明随着河南省人口数量的不断增长、人均能源消费量的不断上升、GDP不断增长，经济快速发展的状况下各种因素对河南省能源安全程度的影响越来越大，能源安全状况逐渐下降；而2010年后，各项因子的影响导致河南省能源安全程度的影响越来越小，能源安全状况逐渐改善。

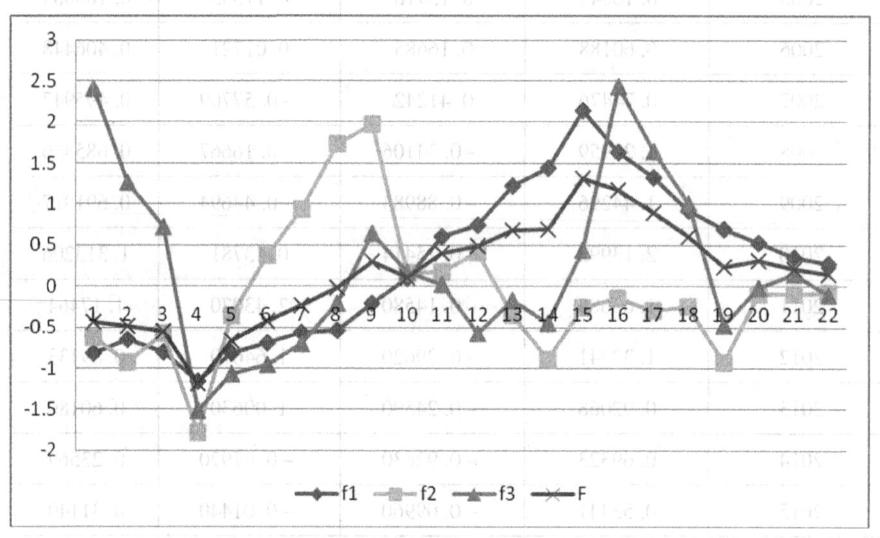

图3－17　河南省能源安全状况评价

3.4 基于广义回归神经网络的河南省能源安全预测研究

3.4.1 广义回归神经网络基本概述

广义回归神经网络（GRNN）是径向基神经网络（RBF）的一种，它是由美国学者Donald F. Specht于1991年提出来的。GRNN结构具有高度的容错性和很强的非线性映射能力，因此比较适用于解决非线性问题。GRNN在逼近能力和学习速度上比RBF网络更具优势，同时在样本数据较少的情况下，GRNN比BP神经网络预测效果较好。此外，广义神经网络还可以处理不稳定的数据。因此，广义神经网络在信号处理、结构分析、能源、教育、系统决策等各个领域中得到了广泛的应用。

3.4.1.1 广义回归神经网络的基础理论

GRNN 的理论基础是非线性回归。因变量 Y 相对于自变量 X 的非线性回归就是随机变量 y 相对于随机变量 x 的最大估计值[47-49]。设随机变量 x、y 的联合概率密度函数为 $f(x,y)$，其中变量 x 的观测值 X 已知，那么随机变量 y 相对于观测值 X 的非线性回归为

$$\hat{Y} = E(y|X) = \frac{\int_{-\infty}^{\infty} yf(X,y)\mathrm{d}y}{\int_{-\infty}^{\infty} f(X,y)\mathrm{d}y} \tag{3-15}$$

式中，$\hat{Y}$是在输入变量 X 情况下，Y 的估计输出。

由样本数据集 $\{x_i,y_i\}(i = 1,2,3,\cdots,n)$ 应用非参数估计，可得估计密度函数 $\hat{f}(X,y)$，具体表达式为

$$\hat{f}(X,y) = \frac{1}{n(2\pi)^{\frac{p+1}{2}}\sigma^{p+1}}\sum_{i=1}^{n}\exp\left[-\frac{(X-X_i)^{\mathrm{T}}(X-X_i)}{2\sigma^2}\right]\exp\left[-\frac{(X-Y_i)^2}{2\sigma^2}\right] \tag{3-16}$$

式中，X_i、Y_i 为随机变量 x、y 的样本观察值；n 为样本个数；p 为随机变量 x 的维数；σ 为高斯函数的宽度系数，即光滑因子。

式（3-15）中，$f(X,y)$ 由估计密度函数 $\hat{f}(X,y)$ 代替并交换积分与加和的顺序可得

$$\hat{Y}(X) = \frac{\sum_{i=1}^{n}\exp\left[-\frac{(X-X_i)^{\mathrm{T}}(X-X_i)}{2\sigma^2}\right]\int_{-\infty}^{\infty} y\exp\left[-\frac{(Y-Y_i)^2}{2\sigma^2}\right]\mathrm{d}y}{\sum_{i=1}^{n}\exp\left[-\frac{(X-X_i)^{\mathrm{T}}(X-X_i)}{2\sigma^2}\right]\int_{-\infty}^{\infty}\exp\left[-\frac{(Y-Y_i)^2}{2\sigma^2}\right]\mathrm{d}y} \tag{3-17}$$

由于 $\int_{-\infty}^{\infty} z\mathrm{e}^{-z^2}\mathrm{d}z = 0$，对式（3-17）中的两个积分进行计算后可得网

络的输出 $\hat{Y}(X)$ 为

$$\hat{Y}(X)=\frac{\sum_{i=1}^{n}Y_i\exp\left[-\frac{(X-X_i)^{\mathrm{T}}(X-X_i)}{2\sigma^2}\right]}{\sum_{i=1}^{n}\exp\left[-\frac{(X-X_i)^{\mathrm{T}}(X-X_i)}{2\sigma^2}\right]} \tag{3-18}$$

每个 Y_i 观测值的权重是对应样本观测值 X_i 与 X 之间欧式距离平方的指数，估计值 $\hat{Y}(X)$ 是样本观测值 Y_i 的加权平均。当光滑因子 σ 非常大时，$\hat{Y}(X)$ 近似等于所有样本观测值 y 的均值。当光滑因子 σ 接近于 0 的时候，$\hat{Y}(X)$ 与样本训练值非常接近，当被预测点被包含在样本集时，公式中求出的因变量的预测值 $\hat{Y}(X)$ 会和样本中对应的因变量 Y 非常接近，但是碰到样本中未能包含的点，有可能预测效果会比较差，这种现象说明网络的泛化能力比较差。当 σ 取值适中求预测值 $\hat{Y}(X)$ 的时候，所有样本的因变量 Y 都将被考虑进去，与预测点距离比较近的样本点对应的因变量加了更大的权重。

3.4.1.2 广义回归神经网络的网络结构

广义回归神经网络与径向神经网络在网络结构上很相似。GRNN 的结构由输入层、模式层、求和层和输出层 4 层组成[134]，如图 3－18 所示，

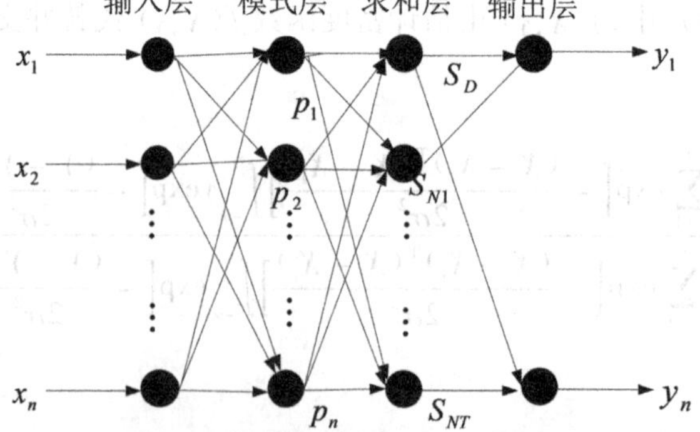

图 3－18　广义回归神经网络结构图

简述如下：

（1）输入层（input layer）。训练样本中输入向量维数就是广义回归神经网络输入层神经元的个数，各神经元不具有计算函数，将输入变量直接传递给下一模式层的神经元。

（2）模式层（pattern layer）。训练样本的个数等于模式层神经元的个数，各个神经元对应不同的训练样本，模式层神经元传递函数为

$$p_i = \exp\left[-\frac{(X-X_i)^{\mathrm{T}}(X-X_i)}{2\sigma^2}\right](i=1,2,\cdots,n) \tag{3-19}$$

神经元 i 的输出是输入变量与其对应的样本 X 之间欧式距离平方的指数平方 $D_i=(X-X_i)^{\mathrm{T}}(X-X_i)$ 的指数形式。式（3－19）中，X_i 为第 i 个神经元对应的样本值。

（3）求和层（summation layer）。求和层中求和使用两种函数类型。

一类计算公式为

$$\sum_{i=1}^{n}\exp\left[-\frac{(X-X_i)^{\mathrm{T}}(X-X_i)}{2\sigma^2}\right] \tag{3-20}$$

该函数是算术求和所有模式层神经元的输出，模式层与各神经元之间的连接权值为 1，传递函数为

$$S_D = \sum_{i=1}^{n} P_i \tag{3-21}$$

另一类计算公式为

$$\sum_{i=1}^{n} Y_i\exp\left[-\frac{(X-X_i)^{\mathrm{T}}(X-X_i)}{2\sigma^2}\right] \tag{3-22}$$

该函数是加权求和所有模式层神经元的输出，模式层中第 i 个神经元和求和层中第 j 个求和神经元之间的连接权值为第 i 个输出样本值 Y_i 的第 j 个元素，传递函数为

$$S_{Nj} = \sum_{i=1}^{n} y_{ij}P_i(j=1,2,\cdots,k) \tag{3-23}$$

（4）输出层（output layer）。输出层神经元的个数等于训练样本中输出向量的维数，各神经元将求和层的输出相除，神经元 j 的输出对应于估计结果 $\hat{Y}(X)$ 的第 j 个元素，即

$$y_j = \frac{S_{Nj}}{S_D}(j = 1,2,\cdots,k) \tag{3-24}$$

3.4.1.3 交叉验证

当训练样本比较少时，为了得到可靠、稳定、精确度高的模型，通常采用交叉验证的方法。交叉验证（Cross - validation）就是在给定的建模样本中，拿出大部分样本用于建立模型，留出小部分样本用刚刚建立的模型进行预测，并求这小部分样本的预测误差，记录它们的误差平方和。这个过程一直进行，直到所有的样本都被预测了一次而且仅被预测一次，从而得到最适合的训练样本和预测样本。

交叉验证一开始所有样本也是先分为了两个部分，一个大的部分是训练集，一个小的部分是测试集，然后只是在训练集里面分为常规训练集和一个效验集，且是交叉验证的方式，等全部交叉验证完成了，再单独测试那个小部分的测试集样本。这是标准的方式，而如果全体数据用来训练和交叉验证，其实就是把所有的样本全部分为了训练集和效验集，将不能验证测试模型的准确率。

常用的交叉验证的形式包括以下几种：

（1）Hold - Out Method。该方法将原始数据随机分为两组：训练集和验证集。利用训练集训练模型，利用验证集验证模型。Hold - Out Method 相对于交叉验证的第二种形式 K - fold Cross Validation（K 折交叉验证）称 Double cross - validation（双折交叉验证），或 2 - foldcross - validation（2 - CV）（2 折交叉验证）。

（2）K - fold Cross Validation（K 折交叉验证）。将训练样本集随机地分成 K 个互不相交的子集，每个子集的大小大致相等，利用其中 $K-1$ 个

训练子集，对给定的一组参数建立模型，利用剩下的一个子集预测模型的误差，评估模型的性能。根据以上过程重复 K 次，因此每个子集都有机会进行测试，最后选择一组最优的参数。K 值选取上一般从 3 开始选，并且通常选取能够被样本个数整除的数作为 K 值。

（3）Leave - One - Out Cross Validation（留一验证）。N 个样本中，留出 1 个作为验证集，其余 $N-1$ 个作为训练集建立模型进行验证。

3.4.1.4 广义回归神经网络的函数

Matlab 中广义回归神经网络实现的相关函数名称为 newgrnn()，该函数用于建立一个广义回归神经网络，用来函数逼近。调用格式为：

$$\text{net} = \text{newgrnn}(P, T, spread)$$

式中，P 为组输入向量组成的 $R \times Q$ 维矩阵即输入向量组的转置矩阵；T 为目标分类向量组成的 $S \times Q$ 维矩阵即为输出向量组的转置矩阵；*spread* 为径向基函数的扩展速度，默认值为 1。

3.4.2 基于广义回归神经网络的河南省能源安全预测

根据以上分析，分别取能源对外依存度、能源产销比、第三产业占的比重、第二产业占的比重、能源消费弹性系数、电力消费弹性系数、单位 GDP 能耗、人口增长率、人均能耗、可再生能源占使用的比率、科研人数占总人口的比重、工业二氧化硫排放量、工业烟尘排放量 13 项指标因素作为网络输入，以因子分析法计算结果 F、f_1、f_2、f_3 作为网络输出构建广义回归神经网络，并将 1996—2016 年的数据作为网络的训练数据，最后一组 2017 年的数据作为预测数据，建立广义回归神经网络进行预测误差计算，并且使用交叉验证的 K 折交叉验证对 1996—2016 年样本建立模型，得到最优的模型的训练集和验证集。待网络训练完成后，用训练好的 GRNN 预测 2018—2020 年①能源安全程度（作者撰写本书稿时，国家“十四五”规划没有制定，数据所限，只能对“十三五”期间的年份进行预测）。

Matlab 实现广义回归神经网络的流程图如图 3 - 19 所示。

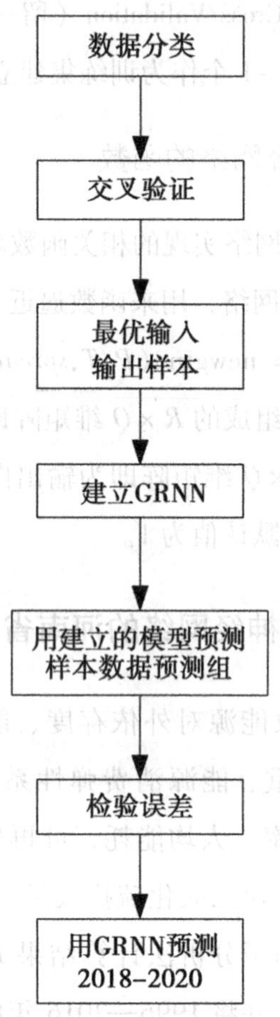

图 3 - 19　Matlab 程序实现流程图

Matlab 实现结果见表 3 - 7，为了更加直观地显示表 3 - 7 所示河南省

①2018—2020 年数据由国家“十三五”规划，河南省“十三五”规划，河南省人口发展“十三五”规划，河南省工业转型升级“十三五”规划；河南省人民政府办公厅关于印发河南省“十三五”能源发展规划的通知；“十三五”河南省能源发展与节能降耗形势分析；河南省“十三五”科学技术发展规划整理得到。

2018—2020 年能源安全预测的结果，将用图 3－20 进行说明。

表 3－7 2018—2020 年河南省能源安全预测

年份	因子			
	F	f_1	f_2	f_3
2018	0. 18797	0. 32254	－0. 10453	0. 10112
2019	0. 12439	0. 24674	－0. 06823	－0. 20345
2020	0. 09267	0. 20789	－0. 05843	－0. 32667

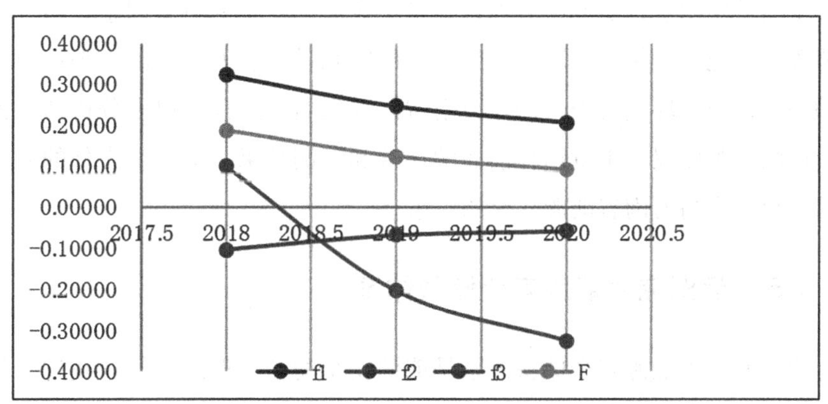

图 3－20 2018—2020 年河南省能源安全趋势图

从预测的结果来看，2018—2020 年河南省能源安全的综合得分处于下降的趋势，说明能源安全将会出现好转；人口和环境因素虽然对能源安全的影响也处于下降趋势，说明人口及环境因素对能源安全的影响在减小；第三因子能源供应因子对能源安全的影响也都具有下降的趋势，说明供给因素对能源安全的影响都在逐渐减小；但第二因子经济因子对能源安全的影响呈现上升的趋势，说明经济因素对能源安全的影响都在逐渐增强。

说明随着低碳经济的提倡，节能减排的深入贯彻落实，在“十三五”期间经济快速发展的同时，能源供给保持基本平衡，环境质量总体保持稳定的环境下，“十三五”期间提出我国经济由高速增长阶段转向高质量发展阶段，加强创新驱动，加快调整产业结构，大力发展服务业，产业转移过程中淘汰落后产能等一些列措施对完成节能减排目标以及环境规划等具有一定的作用，减少了经济发展对能源的依赖，从很大程度上增强了能源经济和环境方面的安全程度。

3.5 河南省能源安全策略分析

根据以上河南省能源安全评价和预测结果可以看出，河南省能源安全并不是很理想，人口和环境因素对能源利用的影响比较大，经济对能源安全的影响随着节能减排、低碳经济的推广应用逐渐减小，但仍然是影响能源安全的重要因素，能源供应因素也是影响能源安全的重要因素。为了实现能源供应充足，保证中原经济区建设的顺利进展、人民生活生平逐渐提高的同时，减少环境污染，保障河南省能源发展，要根据以上分析结果提出具体的对策建议。本章结合前面的评价和预测结果，借鉴国内外的先进经验，提出提高河南省能源安全的对策。

3.5.1 逐渐完善能源安全储备体系

建立并完善能源安全储备体系是能源安全的基本保障，结合我省的具体实际出发，完善能源安全储备体系应从如下几个方面入手：

（1）积极利用省外能源。立足于本省，充分发挥河南省交通运输优势，积极开拓周边省市能源供应渠道。加快推进山西运城至三门峡、山西长治至许昌等铁路建设，以及太焦线等铁路扩能和电气化改造，加强规划建设新输煤通道，积极拓展运力资源，增加从省外煤炭资源的调入量。加强与天然气、煤炭资源丰富的省份（如内蒙古、新疆、山西、陕西等）的合作。同时鼓励省内先进企业开拓省外市场，积极开发省外煤炭资源供应本省。坚持输电输煤并举，吸纳省外电力、煤炭，合理规划建设跨区输电输煤工程。支持省内骨干煤炭企业和骨干电力企业合作，到周边省份开采煤矿、建设大型坑口电厂定向供应本省。依托国家途经本省的油气管道、天然气管道，完善省内配套油气、天然气管网及储备设施，大力引进省外、国外油气、天然气资源，增强油气、天然气保障能力。

（2）建立能源安全预警机制。建立健全煤电稳定供应与调节机制、煤炭储运应急机制以及油气、天然气市场预警机制和应急管理，增强能源应急保障能力。

（3）加强能源储备和安全保障。加强煤炭、煤层气等资源勘查，增强资源接续能力。研究核电厂资源保护措施，对已确定的核电厂址实施有效保护。适当提高省内骨干电厂和新建电厂的设计存煤规模，鼓励实施煤电联营或者一体化发展。依托大型矿区和主要铁路运煤通道，积极推进大型煤炭储配基地建设。加快大型储气库和城市储气调峰设施建设，提高天然气应急调峰能力。切实加强能源安全生产，强化企业的安全生产主体责任，积极推广应用安全生产新技术和先进管理经验。持续推进煤矿安全改造。科学合理确定设防标准，提高能源基础设施抗灾能力。

3.5.2 积极开发可再生能源和新能源，促进能源供应结构多元化

可再生能源和新能源含碳低，符合低碳经济的趋势。水电、核电温室气体排放量极低、污染少、能效高，应加快发展核电项目。洛阳崇阳水电站项目获得中国清洁发展机制基金管理中心审核通过。河南水利资源储量丰富，黄河、淮河等流域水利资源较易开发。洛阳崇阳水电站项目的启动，将为当地带来巨大的经济效益和环境效益。该项目年均发电 3630 万千瓦时，年供电量 3448 万千瓦时，项目实施后，每年可实现温室气体二氧化碳减排量 2. 5 万吨。在提高电力供给能力的同时，还促进了节能环保工作的顺利开展。

中国风能发电技术已经趋于成熟，政府应大力提供优惠政策，开发风资源发电项目。已建成的河南省鹤壁市中融淇县凤泉山风电场项目是以风能转化为电能的新能源项目。同时，中融淇县凤泉山风电场的成功建设，带动该地区相关产业的发展，对发展第三产业和扩大就业将起到促进作用。因此，随着风电场的相继开发，风电将为鹤壁地方开辟新的经济增长点，对拉动鹤壁地方经济的发展，加快实现小康社会起到积极作用。此外，中融淇县凤泉山风电场总装机容量 48 兆瓦，每年可提供上网电量为

9672万千瓦时，与燃煤电厂相比，以火力发电标煤煤耗330克每千瓦时计，每年可节约标煤3.2万吨。每年可减少多种大气污染物的排放，其中减少二氧化硫排放量约613.0吨、一氧化碳约8.5吨、二氧化碳约7.6万吨、碳氢化合物约3.5吨，氮氧化物（计二氧化氮）约348.2吨、灰渣约1.0万吨。可见，建设风电场可以大大减少化石资源的消耗，对于缓解环境保护压力、实现协调发展、环保效益显著。

生物质能是贮藏在粪便、垃圾或者农业废弃物中的能量，沼气、固体燃料、生物液体燃料都是很好的可再生能源。发展生物质能也需要在不与林争地、不与人争粮、不与粮争地的原则下进行。河南是农业大省，兰考是农业大县，农作物秸秆富足。而目前对于秸秆利用方式的不合理，依然会造成空气污染和固体废物污染，加强秸秆利用有利于将资源优势转变成经济优势，同时能够有效降低环境污染程度，做到经济效益和社会效益双"丰收"。

因此，我们要进一步积极开发新能源和可再生能源，使得能源供应结构多元化，保障河南省能源供应充足，减少化石燃料使用的污染，也减少了环境恶化对能源使用的影响。开发新能源和可再生能源需要发挥政府的扶持引导作用，研究利用投资补助、财政贴息、税收优惠、价格补贴等多种手段，加大对节能、新能源和可再生能源发展、能源科技创新、能源安全生产、能源普遍服务等方面的支持力度。研究制定河南省《中华人民共和国可再生能源法》配套法规，积极落实国家促进新能源和可再生能源发展的价格、投资、信贷、税收、入网等激励政策，制定实施税收优惠、临时补贴电价等配套政策，鼓励引导社会各界自愿开发利用可再生能源。拓宽投融资渠道，建立竞争有序、公开公平的能源投资机制，合理引导并支持社会资本进入新能源开发等能源建设领域。

3.5.3 提高能源利用效率，节约资源

提高能源利用效率是确保能源安全的必然选择。发展低碳经济，将为全面推进能源高效利用创造有利环境。低能耗、低排放、低污染是低碳经济的基本特征。提倡低碳生活、低碳经济的目的主要是为了经济社会可持

续发展。发展低碳经济的实质之一就在于实现能源的高效利用。因此，要转变思想观念，深入贯彻低碳经济作为落实科学发展观的重要途径，建立推进低碳经济的制度和措施，发挥各行各业的积极性，推进国际合作，整体推进低碳经济发展。此外，提高能源利用效率依赖科技水平的提高，因此，要加大科技研发投入，扩大科研人员队伍，使得科研人员占总人口的比重加大。

在经济发展过程尽量提高能源利用效率，降低能耗水平，减少温室气体排放，降低污染物排放实现低碳经济的同时还要尽可能实现对资源的回收利用，避免浪费。以煤炭为主要能源是我省能源发展的主要模式，单一的煤炭能源消费不仅造成环境污染严重，而且制约经济的发展。煤矸石是在建井、开拓掘进、采煤和洗涤过程中排出的固体废弃物，同时也是一种宝贵的资源，煤矸石可以用来制砖、发电，在中国《产业结构调整目录2011年本（2013年修订版）》中鼓励煤矸石燃料的综合利用，因此我们要加快促进煤矸石回收利用技术在实践中的应用，促进资源的回收利用，避免浪费，实现节能减排。2017年中国焦炭产量4.31亿吨，炼焦煤消耗量51451万吨，大量富裕的焦炉煤气，放散到空气中，不仅对环境造成污染，而且也是一种资源浪费。焦炉煤气制液化天然气（Liquefied Natural Gas，LNG）不仅可以弥补能源供应缺口，而且可以改善能源质量、减少温室气体的排放，充分、合理利用工业排放气资源，使资源最大限度地得到利用。LNG作为可持续发展清洁能源，具有明显的环境效益及社会效益，以LNG取代燃油后可以减少90%的二氧化硫排放和80%的氮氧化物排放，环境效益十分明显，因此能源的回收利用也是提高能源利用效率的主要方法，避免了能源浪费，减少了废弃物的排放。

3.5.4 加快产业结构升级，调整能源消费

从因子分析结果看出产业结构的调整对减少能源消耗具有重大作用。现有研究产业结构变动对能源消费影响的文献，很多发现产业结构变动是能源消费的重要影响因素。世界上很多发达国家通过调整产业结构，能源消费强度大大降低，对煤炭和石油的依赖度明显降低。因此，只有加快产

业结构升级，通过调整产业结构，才能大大降低河南省经济能源消费量。

在河南省的国民经济中，第一产业的劳动力和产值比重趋于下降，第二产业比重趋于上升并逐渐稳定，第三产业比重逐步提高。与发达省份相比，河南省的第三产业比重依然偏低，第二产业比重明显偏高，反映出河南省正处于工业化的中期阶段。因此，要大力发展第三产业，提高其在国民经济中的比重，尤其是发展资源消耗低、增加值较高的高新产业、信息服务等现代产业。完善钢铁、冶金、水泥等高耗能行业发展规划和行业政策，提高行业准入标准，淘汰落后产能，加快产业升级。产业结构调整，会带来能源消费结构的优化。

3.5.5 提高人口素质，增强节能意识

河南省是中国人口大省，2018 年末常住人口达到了 9605 万人，人口问题始终是经济社会发展中的基础性、全局性和战略性问题。预计因实施全面两孩政策使“十三五”时期出生人口增加，“十四五”及以后因生育水平稳中趋降，育龄妇女数量减少及人口老龄化带来的死亡率上升，预计户籍人口在 2036 年达到峰值 1.15 亿。

自改革开放以来河南省由于处于内地，经济发展比较缓慢。21 世纪经济发展越来越取决于人口素质的高低，取决于知识分子的数量和质量，并且经济发展又对人口素质的提高起到促进作用。人口素质与经济发展之间的辩证关系，也决定了人口素质与能源安全之间的关系。现阶段，要加强我省人民的能源节约等现代意识，避免能源浪费造成每年的能源消费量的递增。

3.5.6 节能减排，发展低碳经济，减少环境污染

2017 年 6 月 5 日是第 46 个世界环境日，联合国环境署确定的世界环境日主题是“人与自然，相联相生”，中国在呼吁尊重自然、保护自然，自觉践行绿色生活的同时，确定中国主题是“绿水青山就是金山银山”，倡导勤俭节约、绿色低碳、文明健康的生活方式和消费模式，进一步提高全社会生态文明意识。河南省由于近些年来经济增长较快、能源消耗较

大、产业调整艰巨、自主创新能力不足，来自于能源、环境的压力十分巨大。实行节能减排，发展低碳经济是河南省推动河南省产业结构升级，实现经济、环境可持续发展的最佳路径。

一般发展中国家工业化过程建成的生产设施具备资本密集度高、使用寿命长、排放强度大等特点，一旦装备了高排放、低效率的技术和设备，其高排放的特性将在很长时间内被锁定，否则将导致巨大的重置成本，此种效应称之为高碳的“锁定效应”。河南省目前处于工业化、城镇化和农业现代化的进程中，中原经济区建设过程中，承接产业转移过程中，实施低碳经济可以避免高碳锁定效应，引进先进的技术和设备，实施清洁生产机制，减少整个经济社会发展对化石燃料能源的依赖，减少环境污染，实现经济社会环境的协调可持续发展。

第4章 中国省域碳排放强度的空间计量研究

4.1 空间计量经济学方法简介

4.1.1 空间计量经济学与空间效应

空间计量经济学是一门将地理学的思想与计算机技术、运筹学等方法相结合起来处理区域面板数据或者截面数据，从而研究面板数据对象在区域之间相互影响的内在规律的学科。在经济学领域，空间计量经济学是用来解决存在空间关系的经济数据问题的[135]。传统的统计理论的假设非常严格，比如假定数据均质，假定地区之间毫无关联、相互独立等，因此当研究中考虑到数据之间或研究对象之间存在空间上的相互影响时，传统的计量方法便无法解决，而空间计量经济学就是在这样的情况下产生的。正如 Toblers（1970）的地理第一定理所阐述的原理：地理区域之间存在关联性，区域对象之间的距离的远近与它们之间的联系程度成正比，距离越远，联系度越小[136]。通过 Anselin（1988）等学者的不断探索，空间计量经济学慢慢形成了一门拥有完整框架体系新兴经济学分支。Anselin 将空间计量经济学定义为一种解决受区域空间效应影响的区域统计分析模型问题的一种方法的总称，其内容包括空间效应的检验、模型估计与检验等[137]。现今该方法已被大范围应用于区域经济、科技创新、环境科学等许多领域。

区域数据之间往往存在着空间效应，空间效应的存在否定了传统计量理论在区域经济数据研究中的应用。目前，在空间计量经济学中给出了两种空间效应的体现形式：空间依赖性（spatial dependence）和空间异质性（spatial heterogeneity）。

空间依赖性又称空间相关性，最早在1973年由Cliff和Ord提出。它是分析空间效应的因素之一，指的是影响经济增长的变量，如生产要素、技术创新等与其相邻区域之间的空间相互作用[138]。对碳排放强度的研究大多基于经济地理，但运用空间计量模型加入空间效应的研究却很少[139]，因此结果的真实性有待考证。空间自相关是衡量空间依赖性的指标，在阐述空间依赖时，空间数据的集聚性和空间数据的相互依赖都会产生相互影响。空间依赖性包含两种情况：真实的依赖性和干扰依赖性。前者包括区域之间的直接联系，如信息共享、资源传递、技术溢出等，体现的是区域的交互作用；而后者则是人为产生的依赖性，如测量数据存在的误差、假设与数据实际之间的误差、空间单元与数据不一致等。例如，衡量碳排放强度的实际单元有31个省份和港澳台地区，但模型观测过程中由于数据采集可行性等原因导致最终只能研究30个数据对象，因此而造成了对中国整体碳排放强度的理解误差。

空间异质性又称为空间差异性，空间实际上表现为区域单元经济行为或经济关系在空间上的不均衡性，比如就经济发展水平而言，存在贫富差距，由发达地区和贫困地区之分；在模型中表现为考查变量、模型参数和误差项方差随区位变化[140,141]。目前，空间差异的应用领域主要集中在经济、能源等领域，这种差异性也是很多研究区域对象的核心问题之一，想要更深层次地理解和分析空间差异性就要弄清楚这种差异性的表现形式，如何衡量、如何记录其变化趋势，以及怎样解决这种差异性以实现区域均衡[142]。空间异质性可以用传统计量进行统计，但在一般情况下，空间相关性和空间异质性同时存在，致使传统计量模型的不适用性。

4.1.2 空间权重矩阵的构建

在空间效应检验的过程中，需要对空间权重矩阵进行选取，空间权重矩阵代表着区域单元之间的空间分布及相互之间的联系形式，只有正确、精准地设定空间权重矩阵，才能准确地衡量单元相对位置，得到科学的计量结果。

空间权重矩阵中权值的确定都要根据一定的“距离”，反映空间单元的临近关系，所以在进行空间计量分析之前，要对“距离”给出统一的定义[143]。记 n 个研究对象的空间指标数据为 $\{x_i\}_{i=1}^{n}$（i 表示区域 i）。记区域 i 和区域 j 的距离为 w_{ij}，可定义空间权重矩阵 W 为

$$W = \begin{pmatrix} w_{11} & \cdots & w_{1n} \\ \vdots & \ddots & \vdots \\ w_{n1} & \cdots & w_{nn} \end{pmatrix} \tag{4-1}$$

式中，主对角元素均为零元素（即同一区域距离为零），实际计量过程中需要对原始的权重矩阵进行标准化处理，即行元素相加等于 1，这样做是为了减少区域单元之间的外在影响。

目前，空间权重矩阵一般根据地理指标或经济指标设置，主要包括邻接矩阵、空间距离矩阵、经济权重矩阵等，其中应用最广泛的就是二进制邻接矩阵。本书根据前人研究的成果，对常用的二进制连接矩阵和一般空间权值矩阵进行简要介绍。

（1）二进制连接矩阵。顾名思义，二进制连接矩阵是按照区域之间的相邻状态来定义矩阵的，该矩阵假定地区之间有公共边界就会产生空间关联，大多数的经济问题和区域地理方面的研究均采用这种矩阵设定的方式。该权重矩阵的优点在于设置简便易行，缺点在于设置条件比较严苛，模型仅考虑了相邻地区的空间交互效应，导致其代表的经济和地理意义等较为薄弱。二进制连接的空间权重矩阵的确定有两种类型，即基于相邻概念的空间权值和基于距离概念的空间权值，详述如下：

1）基于相邻概念的空间权值。基于相邻概念的空间权值定义为

$$w_{ij} = \begin{cases} 1, \text{区域 } i \text{ 和区域 } j \text{ 相邻} \\ 0, \text{区域 } i \text{ 和区域 } j \text{ 不相邻} \end{cases} \tag{4-2}$$

式中，i 和 j 分别为第 i 和第 j 区域单元。“相邻”的定义来源于国际象棋棋子的行走路线，分为车相邻（rook contiguity）、象相邻（bishop contiguity）和后相邻（queen contiguity）。Rook 相邻的定义认为两个区域要有共同的边；Bishop 定义两个有公共顶点但没有公共边的区域叫相邻；Queen 认为无论是拥有公共边界还是拥有公共顶点都能认为是相邻，同时认可了前两者对相邻的界定。实际的研究中对于公共的“点”和“边”也

要进行限定，多少距离可以称得上“边”，什么距离内能称为“点”，临界距离的设置需要研究者根据研究对象的实际情况进行合理的选择[144]。若两个空间单元相邻则 w_{ij} 取值为1，反之则取值为0，所以该矩阵又称之为0－1矩阵。

2）基于距离概念的空间权值。基于距离概念的空间权值的定义为

$$w_{ij} = \begin{cases} 1, d_{ij} < d \\ 0, d_{ij} \geqslant d \end{cases} \tag{4-3}$$

式中，i、j 分别为第 i 和第 j 区域单元；d_{ij} 为区域 i 与区域 j 的距离，d 为事先给定的距离临界值，通常为常数项，表示人为设定的产生的联系最大距离值，区域间距离在此数值之内，则 w_{ij} 取值为1，否则取值为0。这种空间距离权重矩阵是基于“有限距离”的理论基础上构建的，该理论认为空间单元的联系程度只在一定距离产生，而超过这一距离空间联系将消失。这种定义方法的关键之处在于临界距离的确定，且此定义假定地区间质心距离或者行政区所在地的距离决定空间相互作用的强度。

以上定义空间权重矩阵的思想均来源于Tobler地理学第一定律，空间地理位置相隔较近的区域之间的影响程度较空间地理位置相隔较远的区域高。

（2）一般空间权重矩阵。Cliff和Ord从整体的角度出发，度量了两个单元的相互影响程度，并将其加入空间权重矩阵的构建中，对二进制矩阵进行扩展，并把这种权重矩阵命名为Cliff－Ord权重矩阵。其一般形式为

$$w_{ij} = \frac{{\beta_{ij}}^{b}}{d_{ij}^{a}} \tag{4-4}$$

式中，参数 d_{ij} 为区域 i 和区域 j 之间的距离；β_{ij} 为区域 i、j 的公共边界长度占 i 区域边界长度的比例，a 和 b 为参数，当区域 i 和区域 j 的边界距离不一样时，$w_{ij} \neq w_{ji}$，空间权重矩阵将是非对称矩阵。

Dacey认为只考虑边界未免不够全面，并创新性地把空间单元的面积考虑到空间权重的设定中，进一步充实了空间权重矩阵，具体形式为

$$w_{ij} = b_{ij} \times \alpha_{i} \times \beta_{ij} \tag{4-5}$$

式中，b_{ij}取值为0或1，与二进制连接矩阵的取值一致；α_i即为Dacey添加的内容，区域i的面积占整个空间系统区域总面积的比例；β_{ij}区域i和j的公共边界长度占区域i总边界长度的比例。

实际应用中，在对空间权重矩阵进行选择时要具体情况具体分析。不同领域的区域角度的研究基本都采用简单的距离相邻来生成空间权重矩阵，这种距离可以用运输成本或者实施时间等来量化，当然也可以直接考虑实际距离。本书利用空间权重矩阵结合 Moran's I，对碳排放强度的空间效应进行检验，因此选用基于相邻概念的 Rook 空间权重矩阵。

4.1.3 空间自相关性检验

地理学第一定律表明，地理事物或属性在空间分布上互为相关，存在集聚（clustering）、随机（random）、规则（r egularity）分布，且距离越近关联越大。学者常用来衡量变量或者研究对象属性之间的内在依赖性的指标便是空间自相关性。空间自相关可以理解为地理事物位置相近的单元变量取值相近，若一定范围内均是高水平单元或者均为低水平单元，即水平相近的单元相对集中，则表明这些单元之间成为正空间自相关；若一定范围内高水平单元周围为低水平单元，或者低水平单元周围为高水平单元，这种现象表明单元之间呈现负空间自相关；若变量的高值和低值分布随机，没有规律，则该变量不存在空间自相关。结合本书的研究对象——二氧化碳，温室气体中的主要成分，且会随着大气进行流动，达到一种动态平衡，因此各地区二氧化碳浓度会存在一定的相关性，特别的本书研究的碳排放强度是碳排放量与 GDP 共同定义下的指标，GDP 的区域特征相对也较明显，所以碳排放强度的空间自相关性也应该存在。由于空间自相关比较复杂，研究提出了测度空间自相关的方法，即 Moran's I，并把空间自相关分为了全局空间自相关和局域空间自相关。

（1）全局空间自相关。全局 Moran's I 指数是从全局的角度度量研究对象的空间相关性，考察地理分布中相同水平的单元是趋近于聚集的状态，还是离散或者随机分布的状态。全局 Moran's I 表达式为

$$I = \frac{\sum_{i=1}^{n}\sum_{j=1}^{n} w_{ij}(x_i - \bar{x})(x_j - \bar{x})}{S^2 \sum_{i=1}^{n}\sum_{j=1}^{n} w_{ij}} \tag{4-6}$$

$$S^2 = \frac{\sum_{i=1}^{n}(x_i - \bar{x})^2}{n}$$

式中，S^2为样本方差，w_{ij}为区域i和区域j的空间权值。Moran's I 指数I取值为$(-1,1)$，大于0表示正相关，小于0表示负相关，如果I接近于0，则表明空间分布随机，不存在空间相关性。本书采用z值和p值对全局Moran's I 指数进行统计检验，z值大于0，p值接近于0，则表示省域碳排放强度存在显著的自相关。

（2）局域空间自相关。与全局空间自相关不同的是，局域空间自相关分析反映的是某区域附近的空间集聚情况，局域 Moran's I 指数能够更准确地描述研究对象的空间异质性特征，表达式为

$$I_i = \frac{(x_i - \bar{x})}{S^2}\sum_{i=1}^{n} w_{ij}(x_j - \bar{x}) \tag{4-7}$$

与全局 Moran's I 相似，$I_i > 0$表示碳排放强度高（低）的省份被周围的高（低）碳排放强度省份包围，相邻省份之间呈现正相关；$I_i < 0$表示碳排放强度高（低）的省份被周围的低（高）碳排放强度省份包围，相邻省份之间存在负相关，研究中把这种研究单元与其附近单元的空间集聚现象分为4种：H－H（高－高）的正空间相关关系、L－H（低－高）的负空间相关关系、L－L（低－低）的正空间相关关系、H－L（高－低）的负空间相关关系[145]。

4.1.4 空间计量模型的设定

根据空间效应表现形式的不同，把空间计量模型分为3种，即空间滞后模型（Spatial lag model，SLM）又称为空间自回归模型（Spatial Autoregression model，SAR）、空间误差模型（Spatial Error model，SEM）和空间杜宾模型（Spatial Durbin model，SDM）[146]。

空间滞后模型（SLM）的空间效应形式是因变量之间的内生交互作用，即不同单位之间相同变量相互影响，采取加入因变量滞后因子的方法解决由于实质性相关带来的空间交互效应，具体形式为

$$Y = \rho WY + X\beta + \varepsilon \quad (4-8)$$

式中，Y 为因变量的列向量；ρ 为体现空间效应的空间自回归系数，$-1 \leqslant \rho \leqslant 1$，反映一个单元被解释变量 $Y_{i,t}$ 与相邻单元的被解释变量 $Y_{i,t}$ 的相互影响程度，即研究单元的空间相互依赖作用；W 为空间权重矩阵；X 为解释变量矩阵；β 为解释变量系数；ε 为随机误差项。

空间误差模型（SEM）的空间效应体现在误差项之间的交互作用，即不同区域的误差项相互影响。扰动项存在空间依赖性意味着这种空间外异性是随机冲击的结果，也就是遗漏变量存在空间依赖性。具体形式为

$$\begin{cases} Y = X\beta + \boldsymbol{\mu} \\ \boldsymbol{\mu} = \lambda W\boldsymbol{\mu} + \boldsymbol{\varepsilon},\ \varepsilon \sim N(0,\sigma^2 I_n) \end{cases} \quad (4-9)$$

式中，W 为空间权重矩阵；λ 为体现随机误差项空间效应的空间自相关系数。

空间杜宾模型（SDM）综合 SLM 和 SEM 形式，既包含因变量之间的内生效应，又包含自变量之间的外生交互效应，外生交互作用是一个区域的自变量影响另一个区域的因变量。SDM 的具体形式为

$$\boldsymbol{Y} = \boldsymbol{\rho WY} + \boldsymbol{X\beta} + \boldsymbol{WX\delta} + \boldsymbol{\delta} \quad (4-10)$$

式中，$\boldsymbol{\rho WY}$ 的含义同空间滞后模型，$\boldsymbol{WX\delta}$ 表示其他区域自变量的影响，$\boldsymbol{\delta}$ 为相应的自变量空间自会回归系数向量。

在以上 3 种空间计量模型中，SLM 和 SEM 是 SDM 的特例，三者具有一定的转化关系，具体转化方式如图 4-1 所示。

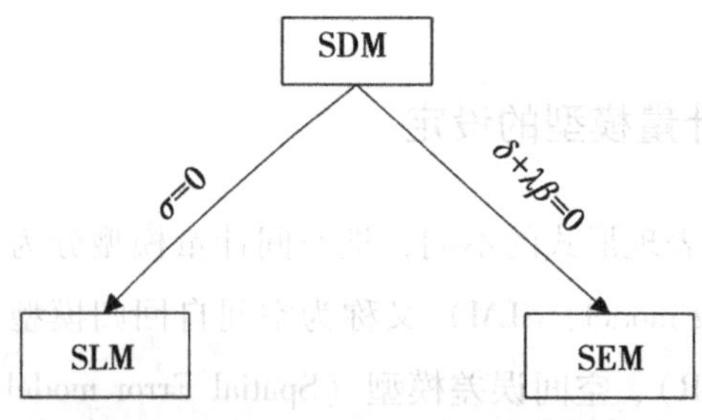

图 4-1　SLM、SEM 和 SDM 的转化关系图

4.1.5 空间计量模型的估计与检验

在进行空间计量的研究中，最关键的一步便是模型的检验，错误地选择模型，得出无效的结论，得不偿失，因此，模型的检验要严谨、慎重。通过论文撰作过程中对文献的积累，发现大多数空间计量的研究还并不严谨[147]。很多文献都不考虑 SDM 模型，直接对比 SLM 和 SEM 的优劣进行选择，或者就直接基于 SDM 模型的研究，不进行模型之间的对比和筛选[148,149]。所以，首先要做的就是进行全面的检验，选择合适的计量模型，以确保回归结果的有效性。具体的步骤如下：

（1）利用 Moran′s I 指数衡量空间效应的存在。Moran′s I 指数是空间自相关性的衡量指标，如果该指标检验结果显著，则表明变量之间空间依赖性明显。该指标在对变量的空间效应的描述形式上分为全局指数和局域指数，即全局 Moran′s I 指数（Global Moran′s I）和局域 Moran′s I 指数（local Moran′ s I）。其中，前者是区域中单元之间空间分布的整体状态的体现，是随机分布还是处于集聚状态，而后者则是更详细地对分布状态进行描述，比如具体的集聚状态出现的范围。关于 Moran′s I 指数验证及使用方法在之前章节已经进行了详细介绍，这里不再赘述。

（2）应用拉格朗日乘数（Lagrange Multiplier）对空间计量模型进行筛选。Moran′s I 指数只是对空间效应模型的选择提供支持，确定数据存在空间依赖性，但无法对三种模型进行筛选。Anselin 和 Florax 提出了应用 LM 检验对空间计量模型进行筛选的方法，筛选的顺序为 OLS -（SLM/SEM）[67]。具体的方法是通过 LM 检验来比较拉格朗日乘子（Lagrange Multiplier）的两种形式，即 LM - lag、LM - error 和稳健（Robust）的 R - LM-lag、R - LMerror。筛选的原则为：如果 LM - lag 在 LM 检验中显著性优于 LM - error，同时 R - LMlag 也优于 R - LMerror，则选择 SLM 模型；反之，则选择 SEM 模型。

（3）应用瓦尔德（Wald）检验对 3 个空间计量模型进行选择。Wald 检验是用来验证 SDM 是否能够退化为 SLM 或者 SEM 的，如果不能退化，则表示 SDM 为最适合的空间模型。正如前面对 3 个模型的转化分析，SDM

针对退化目标 SLM 或者 SEM 设置了两个原假设，分别是 Ho_1：$\delta=0$ 和 Ho_2：$\delta+\lambda\beta=0$。Wald 检验的统计量符合自由度为 k 的卡方分布，只有在 Ho_1 和 Ho_2 均被拒绝的情况下，才能选择 SDM 为较优的空间计量模型，即空间滞后项在考虑自变量的同时，还应该考虑因变量。如果不能同时拒绝两个原假设，则需要根据上面一步的结果进行模型选择，即 LM 检验结果。

模型选定以后，还要通过豪斯曼（Hausman）检验来确定采用哪种效应来对模型进行估计，是固定效应还是随机效应。这两种效应均来源于研究对象随时间变化的不可观测的误差项，判断原则是看这种不可观测的误差项是否与已选定的可量化的因变量指标相关，如果相关，则为固定效应，反之为随机效应。利用 Hausman 来选择这两种效应的方法以往应用在普通面板模型中，现在被推广到空间领域。通常来讲，固定效应比随机效应更加切合实际。

基于以上分析认为，空间自相关模型一般遵循 OLS - SLM/SEM - SDM 的顺序。首先，根据普通面板混合模型观察 LM 检验值肯定空间依赖性的存在，并依据其显著程度在 SLM 模型和 SEM 模型进行选择；其次，使用 Wald 检验，肯定 SDM 模型的适用性，并利用 Hausman 检验确定固定效应和随机效应的选择。具体的模型检验过程以流程图的方式表示如图 4 - 2 所示。

4.2 中国省域碳排放强度的现状

党的十九大对十八大以来的五年工作总结中指出，中国能源资源消耗强度降幅较大，全面节约资源有效推进，通过技术创新、清洁能源产业、环保产业等的推动，中国碳排放强度持续下降，取得了阶段性成果。但是，中国碳排放强度在省域分布上差异极大，对中国生态文明建设和碳减排目标的实现带来了负面影响。想要深入地了解碳排放强度并找到有效地降低碳排放强度的办法，就要先找到中国碳排放强度的发展和分布规律，以及它近些年的演变过程，深刻剖析中国碳排放强度存在的问题，为中国制定环境政策奠定理论基础，推动中国区域协调发展。

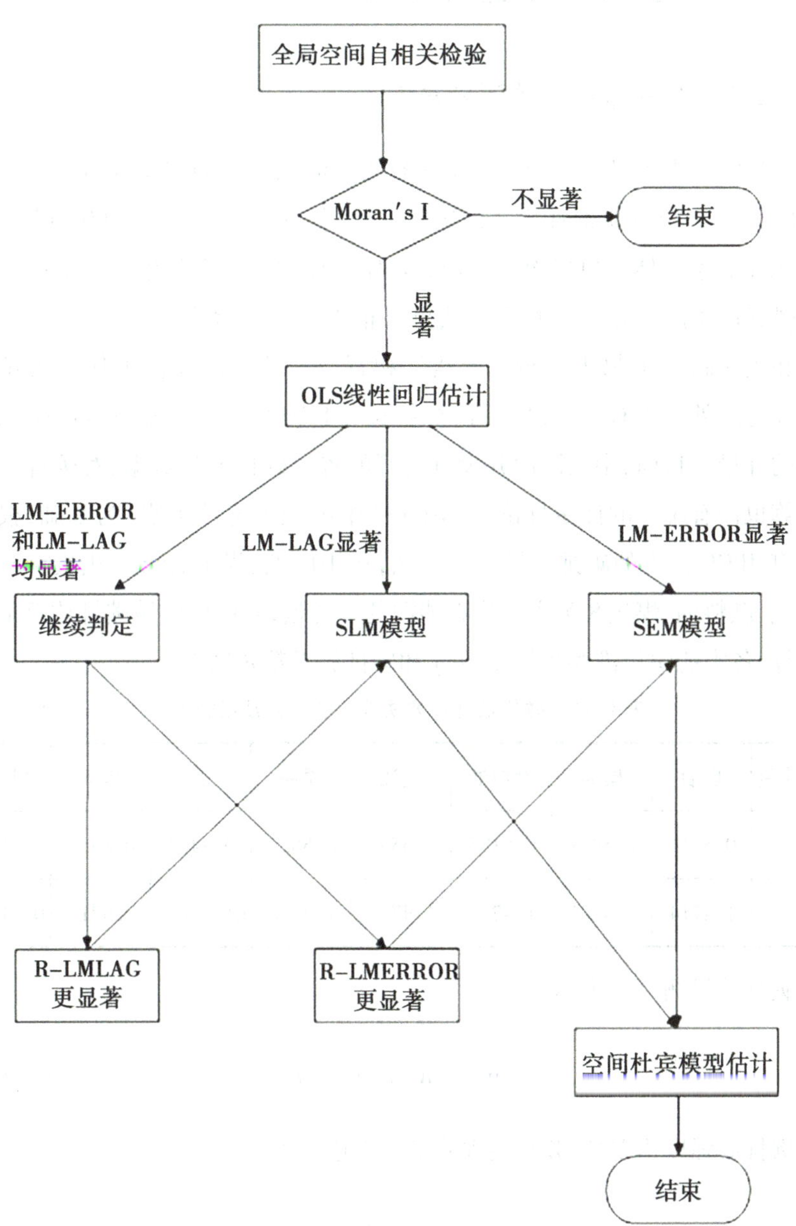

图4-2　空间计量模型检验流程图

4.2.1 各省市碳排放强度的测算

4.2.1.1 碳排放强度的测量方法

世界银行报告显示，众多国家常规能源消耗产生的碳排放占排放总量的70%左右，以煤炭消耗为主的国家，比例可达90%左右。2006 年 IPCC 在《国家温室气体清单指南》提出，温室气体主要是人类生产生活中燃烧化石燃料产生的，并提出测算方法可以根据燃料燃烧数量和因子来进行。现有相关文献基本都用煤炭、天然气和石油三种一次能源来估算碳排放量，除此之外，也有研究以电石、石灰石等非碳燃烧物质燃烧时产生二氧化碳的计量。目前,中国国内并没有公开的省域碳排放量数据,对碳排放量的测算也没有统一的计量标准。本书以《中国能源统计年鉴》为基础,根据2006 年 IPCC 提出的碳排放量计算方法,运用原油、煤油、汽油、焦炭、柴油、天然气、燃料油、煤炭 8 类主要化石能源的消耗量,对中国省域碳排放总量进行测算,各类能源标准煤折算系数 η_i 和碳排放系数 δ_i 见表 4-1。

表 4-1 碳排放计算方法涉及的指标及系数①

能源类别	煤油	柴油	燃料油	汽油	原油	天然气	焦炭	煤炭
δ_i	0.5714	0.5921	0.6185	0.5538	0.5857	0.4483	0.8550	0.7559
η_i	1.4714	1.4571	1.4286	1.4714	1.4286	$1.214t/m^{-3}$	0.9714	0.7143

碳排放量测算的表达式为

$$C_t = \sum_{i=1}^{8} E_{it} \times \sigma_i \times \eta_i \tag{4-11}$$

碳排放强度为单位 GDP 碳排放量，表达式为

$$CI_t = \frac{C_t}{\mathrm{GDP}_t} \tag{4-12}$$

①注：8 类能源标准煤折算系数和碳排放系数来源于 IPCC 碳排放计算指南。

式中，C_t为第 t 年的碳排放总量，万吨；E_{it}为第 i 类能源第 t 年的消耗量，万吨；δ_i为第 i 类能源的标准煤折算系数；η_i 为第 i 类能源的碳排放系数；CI_t为第 t 年的碳排放强度，吨/万元；GDP_t为第 t 年的国内生产总值，亿元。

4. 2. 1. 2 数据说明

本书研究对象是中国 30 个省份，西藏自治区和港澳台地区因缺乏发数据不作为研究对象。根据 IPCC 碳排放量计算方法，用于计算的煤油、柴油、燃料油、汽油、原油、天然气、焦炭、煤炭 8 类能源消费量和 GDP 的原始数据均来源于国家统计局，鉴于数据搜集资源所限，本书能源数据选取 2000—2015 年，期间有部分缺失数据均采用回归拟合等方法补充。

4. 2. 2 碳排放强度及其相关变量的统计分析

4. 2. 1. 1 碳排放强度统计分析

（1）碳排放总量。经济快速增长是以能源消耗为基础，能源的消耗主要表现为化石能源燃烧，由此导致的碳排放量迅速增加，2000—2015 年中国的碳排放总量呈持续上升趋势，2000—2005 年，碳排放总量从 117166. 6 万吨上升到 337329. 75 万吨，增加 2. 9 倍。观察图 4 - 3 可知，碳排放总量的增长率大概分为 4 个阶段：2000—2002 年为“低速增加时期”，平均碳排放量增长率为 3. 8%；2003—2007 年为“高速增长时期”，但增长率逐年下降，平均年增长率为 9. 45%；2008—2013 年为“中速增长期”，2008 年以后碳排放总量的增长率进入到了一个新的上升期，直至 2013 年达到样本期增长率最大值 14. 11%，这段时间碳排放总量年平均增长率为7. 6%；2013 年之后碳排放总量开始下降，增长率为负值。

（2）碳排放强度。观察期内，中国碳排放强度 2000 年为 1. 17 吨/万元到 2015 年下降至 0. 49 吨/万元，下降了 58. 12%。整个观察期内，2003 年和 2013 年的增长率呈现出正值，且增长率都不低，使得这两年的碳排放强度均出现了一个小高峰。这中间自 2006 年起碳排放强度呈现出一条明显

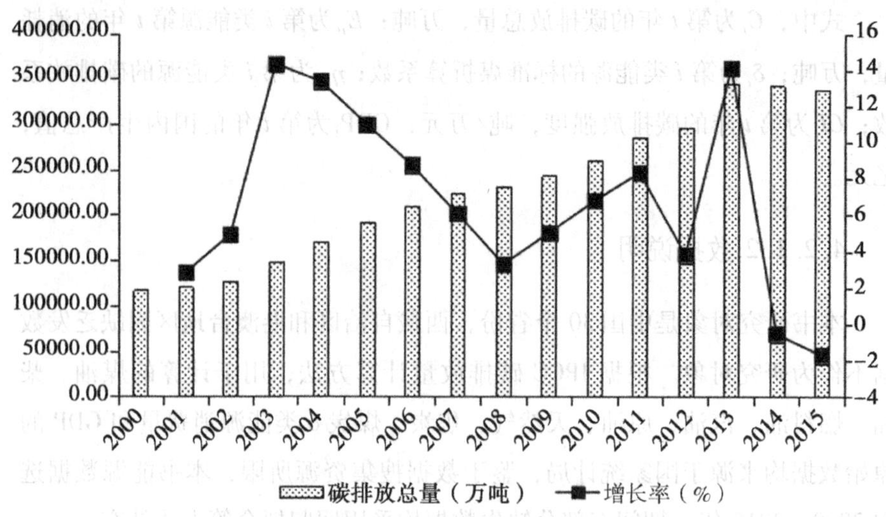

图4－3　2000—2015 年碳排放总量及其增长率

的下滑趋势，这与2005 年中国“十一五”规划中的环境规制力度提升紧密相关[71]。2000—2015 年中国碳排放强度及其增长率大概分为4 个阶段：第一阶段，2000—2002 年，碳排放强度增长率为负数，即碳排放强度负增长，具体表现为从2000 年的1.17 吨/万元下降至2002 年的1.04 吨/万元；第二阶段，2003—2007 年，碳排放强度增长率从2003 年正的增长率开始进入逐年下降期，从2003 年的3.7% 下降至2007 年的－15.67%；第三阶段，2008—2013 年，碳排放强度增长率虽然均是负值，但却逐年上升，到2013 年达到最大值5.39%；第四阶段，2014—2015 年，碳排放强度增长率恢复负值，并开始趋于稳定，碳排放强度下降到0.49 吨/万元，具体如图4－4 所示。

另外，根据碳排放强度数据的核算结果，本书结合Arcgis 软件分别对2000 年、2005 年、2010 年和2015 年的省域碳排放强度进行了空间分布分析，发现中国省域碳排放强度具有明显的聚集效应。从空间上看，碳排放强度空间差异明显，具体特征是北高南低、西高东低，但这个趋势在4 个时间点上又存在范围差异。从2000 年到2015 年中国碳排放强度在省域尺度上也是逐年下降的。2000 年山西和贵州碳排放强度最高，内蒙古、辽宁、甘肃、宁夏和新疆这五处处于东北和西北的地区碳排放强度也较高，

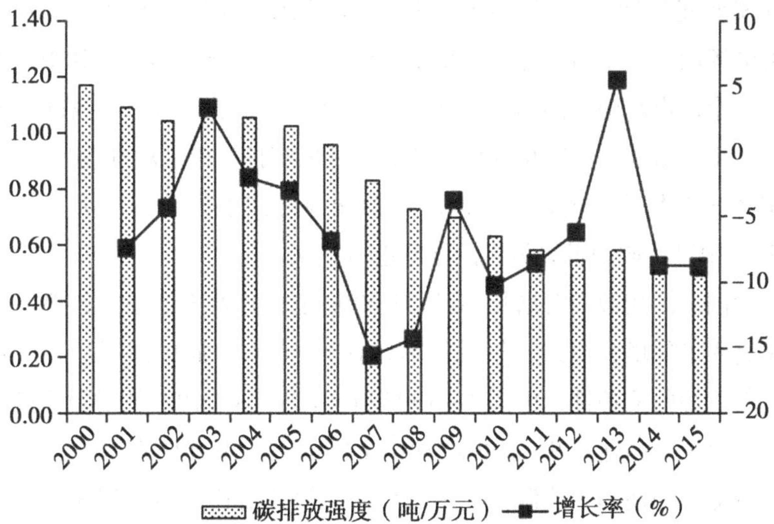

图4－4　2000—2015年碳排放强度及其增长率

北京、江苏、浙江、福建、湖南等处于东南沿海地区的省区碳排放强度较低。2005年山西和宁夏的碳排放强度最高，内蒙古和贵州次高，从2000年到2005年，低碳排放强度的省区增加了两个，但北高南低的总体趋势依然没有改变。2010年和2015年大部分省区已经步入低碳排放强度，且处于低碳排放强度的省域增长较多。统计分析不同年份碳排放强度等级发现，高碳排放强度（大于等于3）的省区数量从2000年到2005年基本稳定，2010年和2015年已经没有大于等于3的碳排放强度省区，碳排放强度处于2～3的省份数量也较少；低碳排放强度的省区数量比例从2000年的36.7%增长到2015年的86.7%。碳排放强度高的省区数量的降低和碳排放强度低的省区数量的增加，可以证明中国省域碳排放强度持续下降、改善明显的事实。

4.2.2.2 能源消费统计分析

（1）能源消费总量。改革开放以来，中国经济迅速增长，能源消耗也日益增长。2015年的中国国内生产总值为689052.10亿元，是2000年的6.9倍。能源消费量为146964万吨标准煤，约为2000年的3倍，以年均增长率6.82%迅速增长（图4－5）。BP世界能源统计的数据显示，2010年中国的能源消费总量占全球总消费的20.3%，位居全球第一，其中，煤炭消费占据全球煤炭消费的48.3%①。能源消费过快增长增加导致国内能源供给压力不断增加，同时增加中国能源对外依赖性。BP报告预测显示，虽然中国经济逐渐进入新常态，但对外的能源的需求力持续增大，预计到2035年，中国将成为世界最大的能源进口国家。

发达国家的能源消费增长率已经逐渐稳定，并处于低增长趋势，甚至美国都进入了低增长模式，年增长率只有1%左右，而中国明显还没有摆脱对化石能源的依赖性，由图4－5可以看出，中国能源消耗增长率极不稳定，平均增长率高达5.9%，但波动中下降的增长率证明中国也在采取行动，减少能源的使用。能源消耗一路攀升，但其增长率曲线却和中国碳排放强度的增长率曲线呈现出一定相似性，这正说明了中国碳排放强度受到能源因素影响的程度之大，只有严格控制能源使用，提高能源使用效率和创新清洁能源，才能从根本上解决中国的碳排放问题。

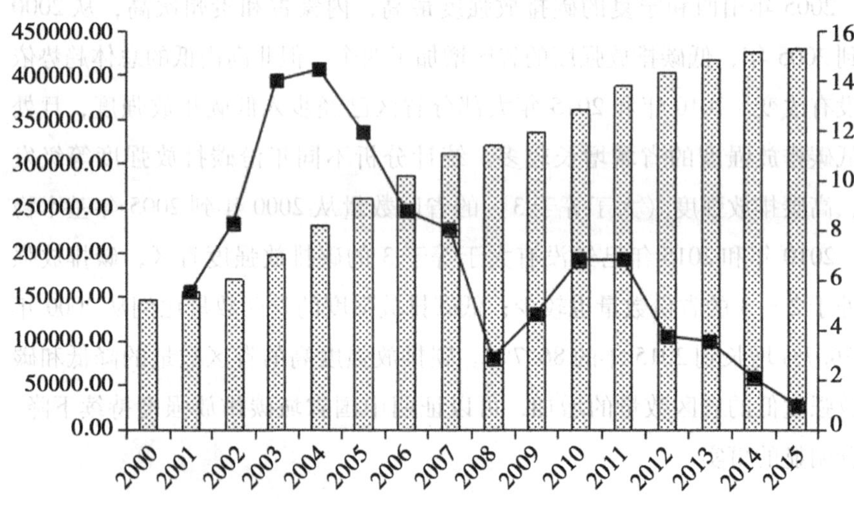

图4－5　2000—2015年中国能源消费总量及其增长率

①《2011年BP世界能源统计报告》

（2）能源结构。“富煤、缺油、少气”是中国能源的典型特征，煤炭占比一直很高。本书把能源消费总量、煤炭消费量、石油消费量和天然气消费量绘制在一个图中（图4－6）来研究能源结构特点。观察可知，煤炭消费量与能源消费量的变化趋势一致，这是因为中国能源消费主体是煤炭消费。煤炭消费量从2000年的100670.34万吨标准煤到2015年增长到了273849.49万吨标准煤。此外，石油和天然气在观察期内有一定的增长，石油消费量从32332.08万吨标准煤增加到78672.62万吨标准煤，天然气从3323.21万吨标准煤增加到25364.4万吨标准煤。能源结构中石油比例持续稳定，天然气占比虽然低但近些年比例有一定提升。国家推出天然气推广目标，到2020年天然气在能源结构中的比例达到10%以上，将天然气推广与城镇化进程共同推进，把天然气设施与新农村、新城镇的基础设施同时建立，到2020年争取有2.5亿中国人口使用天然气。从图4－6中可以看出，煤炭消费量随着能源消费逐年增长，因为中国能源禀赋特征，这种煤炭依赖性短时间内不能发生扭转，这样的能源结构成为中国大气问题解决的一大障碍。因此，提高能源使用效率、降低煤炭比例、加大清洁能源开发力度成为中国实现低碳减排的重要途径。

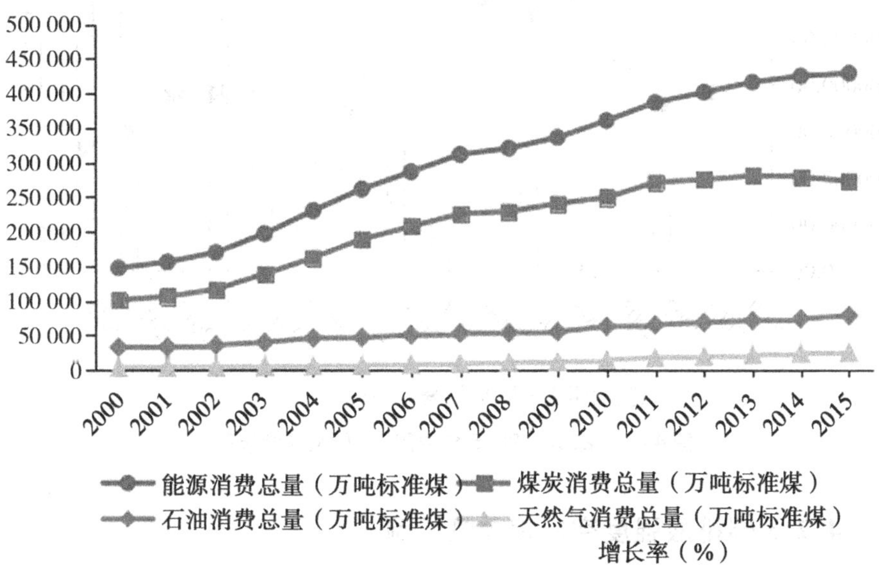

图4－6　2000—2015年中国能源消费情况

4.2.2.3 经济发展水平的统计分析

现在中国俨然成为世界第二大经济体，这个发展的过程建立了一个又一个的里程碑。改革开放以前，中国经济发展缓慢；改革开放以后到2000年的20多年期间，中国提出了先富带动后富，优先发展东南沿海地区的政策，成效显著，中国经济实现质的飞跃；2000年至今，中国先后提出了“西部大开发”“振兴东北老工业基地”“中原崛起”“一带一路”等经济战略，意图从根本上解决区域经济差异，形成固定的几个特色分明功能各异的经济体系，覆盖全国，再以城镇化推进作为经济体系的交叉点填充，争取做到发展无遗漏、无盲点，实现区域经济协调健康发展。

从2000年到2015年中国国内生产总值（GDP）曲线（图4－7）能够看出:中国国内生产总值从100280.10亿元增加至2015年的689052.10亿元，年均增长率达12%。2007年的增长率为18.8%，是研究其最高值。增长率最小值为2015年的6.5%。

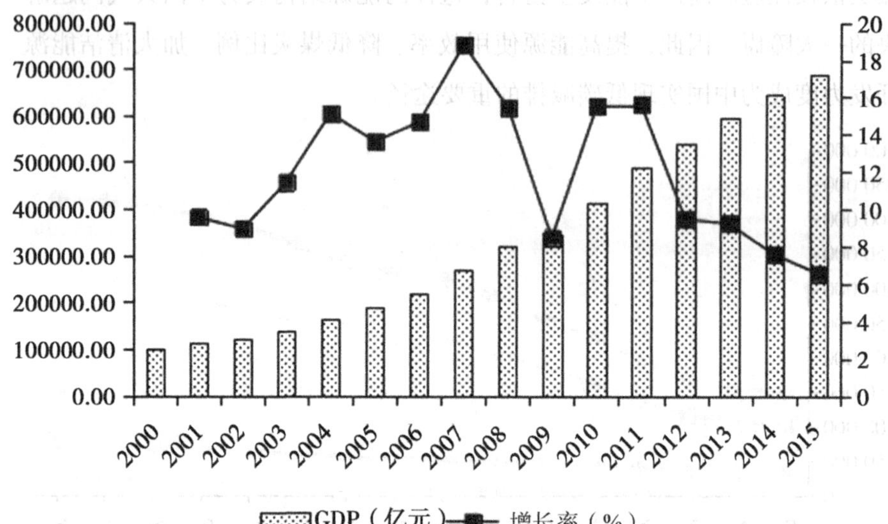

图4－7　2000—2015年中国GDP及其增长率

4.2.3 碳排放强度空间相关性检验

大多数省域碳排放和碳排放强度的研究都是基于普通面板计量模型，

将各省份当作独立的个体，同质无差别，且变量分布随机。但从上面的分析可以看出，省域碳排放强度之间存在一定的集聚效果，并且中国各省域之间的经济活动联系密切，不能将它们作为相互独立的个体。越来越多的研究认为区域数据之间可能存在空间效应，只有考虑到区域空间效应才能消除与实际情况的偏差。尤其是近些年空间计量经济学的兴起，也有越来越多的文章将空间效应加入碳排放强度的区域研究中[150,151]。如何检验省域碳排放强度具有空间效应？需要对数据的空间自相关性进行检验。如果数据存在空间自相关性，则模型中加入空间效应可行。基于此，本书选择 Moran's I 测度数据空间自相关性。

4.2.3.1 全局空间自相关分析

本书基于0－1空间权重矩阵，利用 Stata14 对中国 2000—2015 年省域碳排放强度的全域 Moran's I 指数值和 z 值的统计检验，结果见表4－2。结果表明，在研究期内，中国省域碳排放强度的全域 Moran's I 指数在95% 的置信区间内显著相关，且 I 值均大于0，表明中国省域碳排放强度在空间分布上存在显著正相关性，受到其邻近省区碳排放强度的影响，并非随机分布，具有空间集聚特征，表现为中国碳排放强度较高的省份相邻。实际上，由于中国各省区之间生产要素流动、贸易交流、跨境污染以及公共环境政策的溢出效应，使得邻近省区碳排放的空间特征非常显著。

表4－2　2000—2015 年中国省域碳排放强度的全域 Moran's I 检验结果

年份	I	z	p － value *
2000	0.231	2.40	0.016
2001	0.245	2.55	0.011
2002	0.222	2.42	0.016
2003	0.218	2.25	0.024
2004	0.279	2.70	0.007
2005	0.318	3.04	0.002
2006	0.364	3.39	0.001

续表

年份	I	z	p - value *
2007	0. 315	2. 98	0. 003
2008	0. 356	3. 28	0. 001
2009	0. 333	3. 08	0. 002
2010	0. 348	3. 22	0. 001
2011	0. 347	3. 27	0. 001
2012	0. 351	3. 31	0. 001
2013	0. 342	3. 24	0. 001
2014	0. 341	3. 24	0. 001
2015	0. 335	3. 18	0. 001

根据表 4 - 2 作出了 2000—2015 年的碳排放强度全域 Moran′s I 变化图,如图 4 - 8 所示,由图 4 - 8 可以看出中国省域碳排放强度全域 Moran′s I 值经历了降、升、降 3 个阶段：第一阶段，2000—2003 年，Moran′s I 呈现稳定下降的趋势，从 2000 年的 0. 231 降到 2003 年的 0. 218；第二阶段，2004—2006 年，这个阶段呈现持续增长的态势，全域 Moran′s I 从 0. 279 增长到 0. 364；第三阶段，2007—2010 年，这期间全域 Moran′s I 从 2007 年的 0. 315 升至 2008 年的 0. 356，接下来开始新一轮的稳定下降，直至 2015 年下降至 0. 335。在波动中有几个节点：2003 年、2006 年、2008 年。

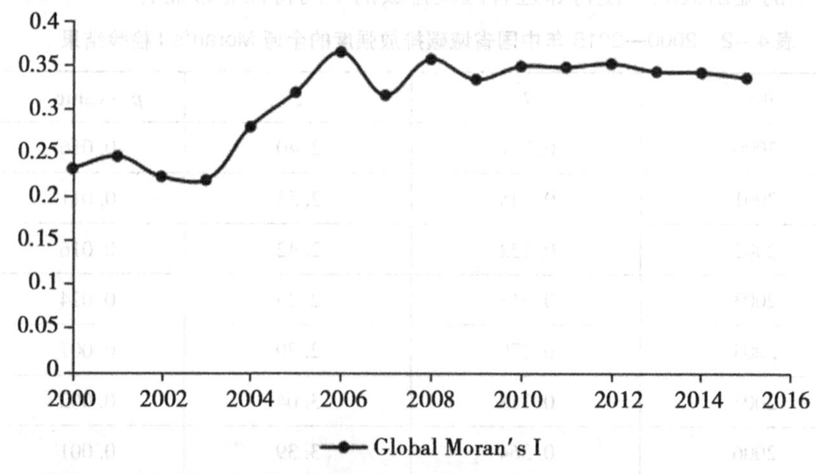

图 4 - 8　2000—2015 年中国碳排放强度的全域 Moran′s I

4.2.3.2 局域空间自相关分析

由于全局空间自相关只能描述区域内某种现象是否存在空间集聚，而不能确定具体的集聚位置，因此本书选取 2000 年、2003 年、2006 年、2008 年和 2015 年的数据进行局域空间自相关检验，选取的依据为数据首尾年份和关键节点年份。通过局域 Moran's I 指数散点图对中国省域碳排放强度的空间集聚特征进行直观展示，如图 4－9 ～图 4－13 所示。

莫兰散点图中，第一象限表示 H－H（高－高）的正空间相关关系，即本地区与邻近地区的碳排放强度均较大，并呈现出扩散效应；第二象限表示 L－H（低－高）的负空间相关关系，即本区域的碳排放强度较低，邻近地区的碳排放强度较高；第三象限表示 L－L（低－低）的正空间相关关系，即本区域的碳排放强度较低，邻近地区的碳排放强度也较低，表明这些区域的碳排放水平较好，呈现出涓滴效应；第四象限表示 H－L（高－低）的负空间相关关系，即本区域的碳排放强度较高，邻近地区的碳排放强度较低，呈现出极化效应。

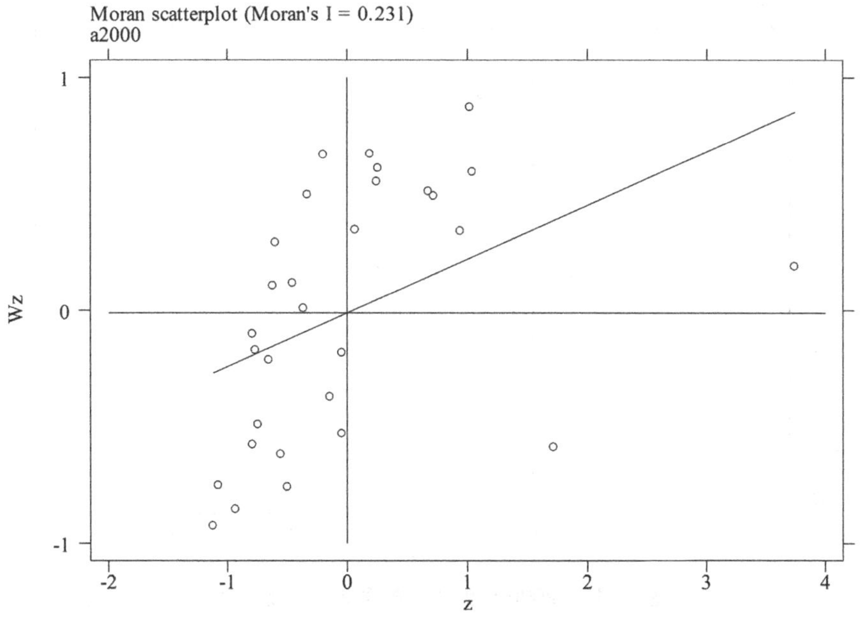

图 4－9　2000 年的碳排放强度莫兰散点图

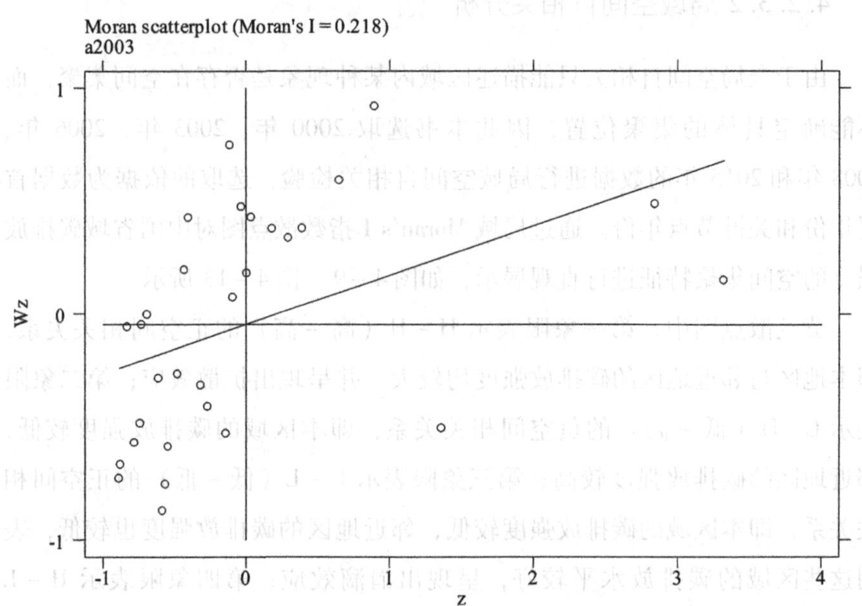

图 4-10　2003 年的碳排放强度莫兰散点图

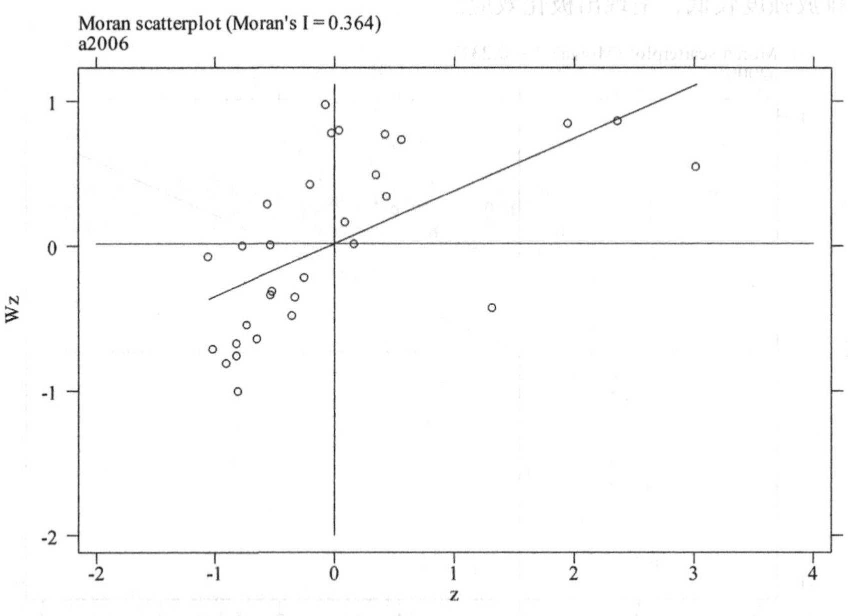

图 4-11　2006 年的碳排放强度莫兰散点图

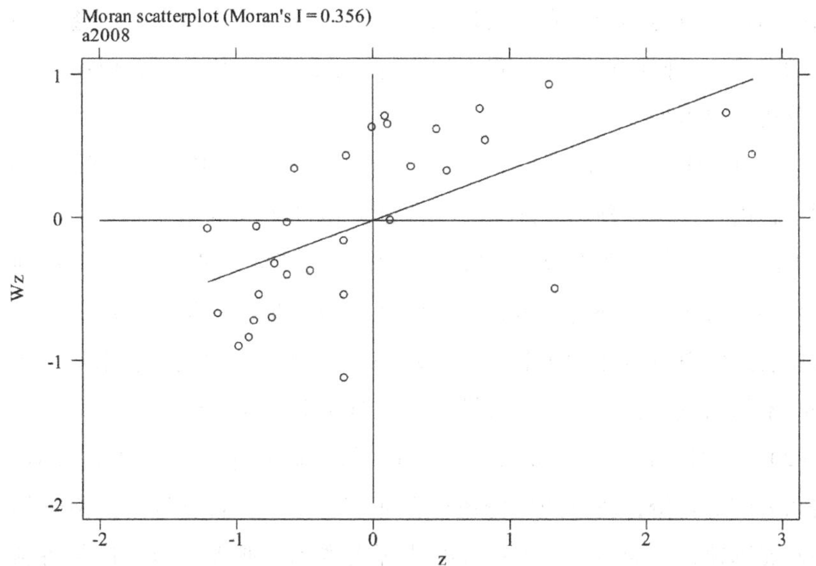

图 4-12　2008 年的碳排放强度莫兰散点图

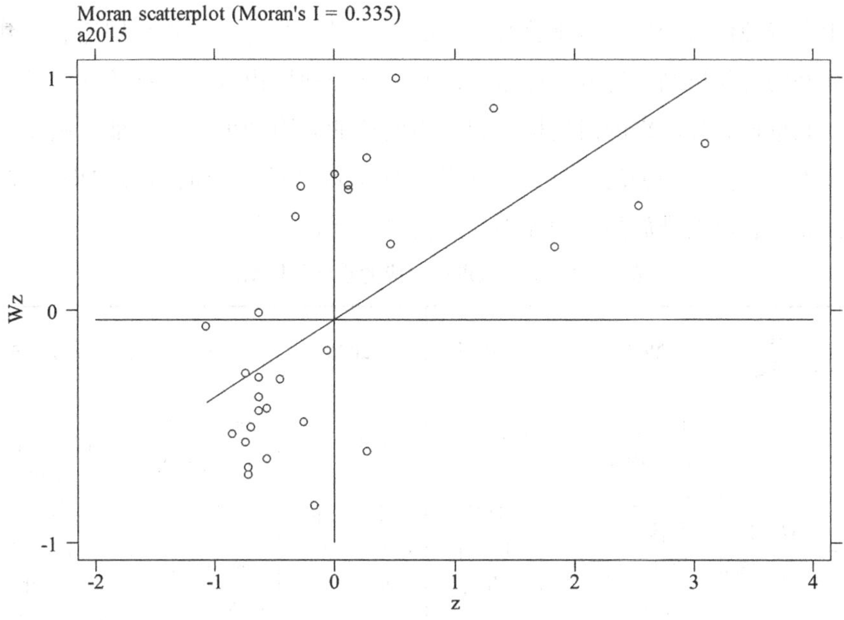

图 4-13　2015 年的碳排放强度莫兰散点图

大部分被观测省份的局域 Moran's I 指数分布在第一象限和第三象限，表明中国各省份与其相邻省份表现出较强的正空间相关性，且有逐步趋于稳定的态势。不同时期碳排放强度的集群检验结果见表 4－3，根据表 4－3 进行分析，可得如下结论：

（1）H－H（高－高）集聚。H－H（高－高）集聚区域主要为河北、山西、甘肃、青海、新疆和辽宁等中西部省份和东北老工业基地。这些区域的能源、矿产等虽然较为丰富，但是由于技术水平落后，研究基础薄弱，高层次科研人才外流严重，使得创新动力不足。但是 H－H 集聚省份的数量已经由 2000 年的 10 个减少到 2015 年的 9 个，表明随着东部产业转移和技术的引进，正在逐步使碳排放强度 H－H 集聚区域向好的方面转变。

（2）L－H（低－高）集聚。L－H（低－高）集聚区域主要有河南、四川和云南等省份，较早的年份还包含北京、重庆、吉林等。河南近年来经济发展迅速，产业结构正由传统的能源大省和农业大省向先进装备制造业大省转变，碳排放强度处于逐年下降的态势。虽然云南矿产资源丰富，经济较为落后，但是该省始终以旅游等高附加值第三产业为发展重点，自然生态资源保持较好，碳排放水平较低。如果这些省市能够与周边省份建立良好的合作机制，协调产业布局，有可能带动周边区域碳排放强度的下降。北京拥有高层次的研究机构和较为发达的高附加值第三产业，碳排放强度不高，但是相关的钢铁和化工等重污染高耗能行业向周边省份转移，对河北等省份碳排放强度的控制产生较大的负面影响。

表 4－3　莫兰散点图对应的空间集聚情况

象限	集聚类型	2000 年	2003 年	2006 年	2008 年	2015 年
第一	H－H（高－高）	河北、山西、内蒙古、辽宁、吉林、黑龙江、甘肃、青海、宁夏、新疆（10 个）	河北、山西、内蒙古、辽宁、吉林、甘肃、青海、宁夏、新疆（9 个）	河北、山西、内蒙古、辽宁、云南、陕西、甘肃、青海、宁夏、新疆（10 个）	河北、山西、内蒙古、辽宁、黑龙江、云南、陕西、甘肃、青海、宁夏、新疆（11 个）	河北、山西、内蒙古、辽宁、黑龙江、陕西、甘肃、宁夏、新疆（9 个）

续表

象限	集聚类型	2000年	2003年	2006年	2008年	2015年
第二	L－H（低－高）	北京、河南、重庆、四川、云南、陕西（6个）	北京、黑龙江、河南、重庆、四川、云南、陕西、宁夏（8个）	黑龙江、吉林、河南、广西、重庆、四川（6个）	吉林、河南、四川（3个）	吉林、河南、四川青海（4个）
第三	L－L（低－低）	天津、上海、江苏、浙江、安徽、福建、江西、山东、湖北、湖南、广东、广西、海南（13个）	天津、上海、江苏、浙江、安徽、福建、江西、山东、湖北、湖南、广东、海南（12个）	北京、天津、上海、江苏、浙江、安徽、福建、江西、山东、湖北、湖南、广东、海南（13个）	北京、天津、上海、江苏、浙江、安徽、福建、江西、山东、湖北、湖南、广东、广西、海南、重庆（15个）	北京、天津、上海、江苏、浙江、安徽、福建、江西、山东、湖北、湖南、广东、广西、海南、重庆、云南（16个）
第四	H－L（高－低）	贵州（1个）	贵州（1个）	贵州（1个）	贵州（1个）	贵州（1个）

（3）L－L（低－低）集聚。L－L（低－低）集聚区域主要集中在珠三角、长三角和海西经济区，这些区域始终保持较高的经济发展水平，科研院所集中，对外开放程度高，区位优势明显，涓滴效应显著，这些区域不仅自身的碳排放强度水平较低，同时也带动了邻近区域碳排放强度的降低。

（4）H－L（高－低）集聚。H－L（高－低）集聚区域均为贵州。人才和资金由H－L（高－低）集聚区域向周边的碳排放强度较低的地区转移，而承接了由周边地区转移过来的高耗能行业，形成了恶性循环，2000—2015年，H－L（高－低）集聚区整体的碳排放强度并没有得到有效的改观。

由表4－3整体来看，2000—2015年，H－H（高－高）集聚类型的省份浮动减少。其中，H－H类型中的河北、山西、内蒙古、甘肃、宁夏一直是碳排放强度较高的地区，这些地区带高了周边地区碳排放强度，这要求中国在制定和执行减排政策时，需格外关注这些地区。从L－L集聚型来看，这类省份从13个增加到16个，说明空间集聚对降低碳排放强度有积极的作用，并且在扩大，在经济和技术水平都较高的江浙地区地对周边有较强辐射作用，且效果明显。

通过对碳排放强度数据的估算，利用时间序列分析法对碳排放强度、能源消费总量和经济发展水平进行了统计分析，并结合空间地理分析和Moran′s I指数等方法对省域碳排放强的时空格局、空间依赖性和空间集聚特征进行了分析。首先从时间序列对碳排放强度及其相关因素的统计分析发现：自2005年中国第一次提出碳强度目标后，中国经济发展水平和能源消费量整体呈下降趋势，特别是近两年增长率稳定下降，除了2013年，碳排放强度增长率基本是负数，可以解释为碳排放强度在持续下降。另外，空间地理分布图更加直观地展现中国省域碳排放强度北高南低，西高东低，并且以绿色为代表的低碳排放强度的省份面积逐渐增大，以黄色和红色为代表的中高水平的碳排放强度省份面积明显减少，表明中国碳排放强度在逐渐下降。接着对各省市碳排放强度进行全局空间自相关分析，分析结果显示Moran′s I指数均大于零，表现出明显的空间自相关性，即省域碳排放强度空间集聚性显著，并非随机分布，而是呈现出一定的空间分布的规律，这与碳排放强度空间地理分布特征相符合。同时局域空间自相关结果及莫兰散点图进一步验证了碳强度空间效应的存在，大部分省区分布在第一、三象限，并且处于L－L（低－低）集聚类型的省份数量逐渐增加，说明中国碳排放强度正在逐步优化。

4.3 中国省域碳排放强度影响因素研究

上一节对省域碳排放强度进行了测度和时空差异分析，那么省域碳排放强度究竟受哪些因素影响？这些因素对碳排放强度的贡献程度是多少？为了能使我们更深入地了解碳排放强度的驱动因素，从而对加快推动区域节能减排实现经济转型提供有效的帮助，本节将分析和解决这些问题。同时，这里要说明本书与以往研究单影响因素和之研究宏观因素（如能源、人口、经济等）对碳排放强度的影响的文章不同，本书在研究因素中加入了技术成交额、对外开放水平、外商直接投资等因素，符合国家技术转型的大背景，有利于进一步提高研究的深度和层次。首先介绍实证部分的影响因素，接着对面板数据进行空间计量分析，最后对影响因素的实证结果和空间溢出效应进行分析。

4.3.1 变量选取依据

对环境质量产生影响的因素可以大致概括为3个方面：规模效应、技术效应和结构效应，而碳排放强度作为环境质量评估的重要指标，它的影响因素的选取也可以从这3个方面进行。

在以上3个影响因素的选取角度中，“规模效应”对碳排放强度的影响存在两个矛盾的现象：一方面，经济发展水平上升，规模经济迅速发展，国家综合实力提升都需要消耗大量的化石能源，这就表明经济发展的规模效应对碳排放强度目标的实现起到了阻碍的作用；另一方面，随着人类经济发展水平的提高，人类社会的整体追求发生了转变，从物质需求转变成为精神需求，更注重感受。因此，从整个社会层面上来说，会存在越来越多的人呼吁保护环境，宁愿选择牺牲个人利益也要保证环境健康、绿色、可持续的发展，这种现象间接促进碳排放目标的实现。二氧化碳 EKC 曲线就是专门研究经济规模效应和碳排放之间非线性关系的曲线。“技术效应”是通过直接和间接的方式降低碳排放强度，一方面技术进步产生出多种节能环保技术，提高能源使用效率，间接降低碳排放强度；另一方面，科学技术的发展使得新能源种类越来越多，虽然中国煤炭依赖性的现状短时间内无法改变，但是提高新能源使用范围，取代一部分煤炭等化石能源的使用，可以直接降低碳排放强度。“结构效应”对碳排放强度的影响呈现出波动效应，当产业发展初期，从以农业为主导的发展方式转变为以工业为主导的形式时，碳排放强度明显增加，当产业结构向第三产业转变时，碳排放强度又会明显下降，因为第三产业的能源密集程度低，且以知识密集和技术密集为主要特征。

本书除了从以上3个效应对碳排放强度的影响因素进行了选取之外，还根据中国深化改革、加强对外开放、实现经济转型升级的社会背景，加入了外商直接投资、对外开放水平、城镇化和能源强度等指标。首先，随着中国对外开放水平的不断提高，越来越多的外资企业进驻到中国市场，对中国的经济发展起到很明显的促进作用，但这样的现象对中国碳排放强度的影响是好还是坏，难以确定。一方面，外商直接投资能够促进技术共享，通过技术的溢出效应能够带动周边单元技术的提高，从而实现碳排放强度的改善；另一方面，来中国建筑工厂的企业类型繁杂，难免存在能源消耗高、碳排放量高的企业，这就意味着中国承担了国外企业产生污染的生产过程，增加了中国碳排放强度负担。城镇化发展会要求城镇基础设施的全面配备和城镇经济发展模式转变，从而导致资源消耗，增加排放；但从另一方面来说城镇化建设将会规范人民生活，减少生活碳排放，况且农村人口向城镇人口转移，有利于生活成本的降低，间接降低碳排放强度。

4.3.2 变量说明与数据来源

根据上面的分析，本书从规模效应、技术效应和结构效应的角度选择了经济发展水平（GDP）、能源结构（*Enstr*）、能源强度（*Ei*）、产业结构（*Instr*）、专利授权数（*Pa*），另外又结合社会发展背景，考虑了城镇化率（*Ur*）、外商直接投资（FDI）和对外开放水平（Opl）为自变量，建立空间面板模型。其中能源结构用各省市煤炭消费占总的能源消费比例表示；产业结构用第三产业占地区总产值比重表示；能源强度定义类比于碳排放强度，为单位地区生产总值的能源消耗量；城镇化率为城镇人口比重；国内专利授权量代表技术水平；区域进出口贸易代表中国对外开放水平。具体的指标解释见表4－4。

表4-4　自变量指标解释

变量	符号	解释
能源结构	*Enstr*	煤炭消费占能源消费总量的比重
产业结构	*Instr*	第三产业产值占地区总产值的比重
能源强度	*Ei*	单位地区生产总值的能源消耗量
城镇化率	*Ur*	城镇人口占总人口的比重
经济发展水平	GDP	地区生产总值
技术水平	*Pa*	国内专利申请授权量
外商直接投资	FDI	外商投资企业的投资总额
对外开放水平	Opl	区域进出口贸易总额

本书影响因素的数据采用的是2000—2015年中国30个省市自治区（不包括西藏、港澳台地区）的面板数据。其中，碳排放强度（*CI*）数据来自第3章的测算结果；能源结构（*Enstr*）来自各省统计年鉴，产业结构（*Instr*）、能源强度（*Ei*）、城镇化率（*Ur*）、GDP、技术水平（*Pa*）、外商直接投资（FDI）和对外开放水平（Opl）的原始数据均来源于WIND数据库和国家统计局，缺失数据采用加权平均法计算补充。表4-5给出了各变量的原始数据的描述性统计。

由表4-5的描述性统计结果可以看出，中国碳排放强度差异很大，均值为1.07吨/万元，最大值为2002年山西省5.27吨/万元，最小值为2015年的北京市0.14吨/万元。解释变量的差异性也很明显，其中能源结构均值为62.52%，最大值为贵州2006年的106%，最小值为广东2015年的9.5%；产业结构均值为0.41，其中最大值0.80出现在2015年的北京，而最小值0.28出现在2008年的河南省；能源强度平均值为1.32吨标煤/万元，最大值4.52出现在2003年的宁夏地区，最小值0.30出现在2015年的北京；城镇化率均值为47.36%，最大值高达86.5%，依然是2015年北京达到的，最小值23.20%是2000年的河南省；经济发展水平的均值为2.74亿元，最大值为2015年天津市的10.69亿元，最小值为2000年贵州省的0.27亿元；技术水平的平均值为18174.08项，其中2012年江苏省达到最大值269944项，2004年青海达到最小值70项；外商直接投资均值为

73322.18 百万美元，最大值为 782154 百万美元，最小值为 577 百万美元；对外开放水平均值为 76288.95 万美元，最大值为 1091582 万美元，最小值为 159.73 万美元。

表 4-5　各变量数据描述性统计

符号	变量	单位	样本数	均值	标准差	最小值	最大值
CI	碳排放强度	吨/万元	480	1.07	0.76	0.14	5.27
Enstr	能源结构	%	480	62.52	20.47	9.50	106.00
Instr	产业结构	—	480	0.41	0.08	0.28	0.80
Ei	能源强度	吨标煤/万元	480	1.32	0.76	0.30	4.52
Ur	城镇化率	%	480	47.36	13.61	23.20	86.50
GDP	经济发展水平	亿元	480	2.74	2.14	0.27	10.69
Pa	技术水平	项	480	18174.08	38166.65	70.00	269944
FDI	外商直接投资	百万美元	480	73322.18	120614.50	577.00	782154
Opl	对外开放水平	万美元	480	76288.95	156224.90	159.73	1091582

注：表中描述性统计均是基于原始数据的统计，实证研究中采用数据对数形式。

4.3.3 模型的选择

需要先对面板数据进行普通的最小二乘法回归，并通过拉格朗日乘子及其稳健性形式（LM－lag、LM－error、R－LMlag、R－LMerror）检验残差的空间自相关性，得到的结果见表 4－6。

表 4-6　拉格朗日乘子检验结果

指标	检验值	P 值
LM－lag	216.369	0.000
LM－error	189.835	0.000
R－LMlag	107.433	0.000
R－LMerror	80.899	0.000

由表4－6可以看出，拉格朗日乘子及其稳健性形式均通过了1%的显著性水平，说明面板数据存在较大的空间依赖性，所以采用无空间交互效应的传统模型的回归结果必然存在偏差，因此要采用空间计量模型对模型进行估计。在表4－6的检验结果中，LM－lag的检验值大于LM－error的检验值，同时R－LMlag检验值大于R－LMerror检验值，说明在SLM和SEM的比较中，SLM的回归结果要优于SEM。但这并不意味着SLM就是最优模型，接下来还需要对SDM模型进行Wald检验，检验SDM是否可以简化以上两种模型，Wald假设检验结果显示Wald－sptial－lag、Wald－sptial－error均未通过显著性检验，即SDM并非最优模型，需要简化为SLM或者SEM。因此，本书采用SLM作为本书的回归模型。另外，由于本书采用的是面板数据，所以还需要对模型中采用固定效应还是随机效应进行选择。对于固定效应而言，个体效应与回归变量存在关联性，对于随机效应则不存在这种关联性。通过Hausman检验判断模型中的虚拟变量（干扰项）与解释变量是否相关，结果显示：$chi2(8)=48.14$，$Prob>chi2=0.0000$，卡方统计量大于0，拒绝原假设，即固定效应模型比随机效应模型效果好。因此，接下来的分析均是基于空间固定效应的分析。

4.3.4 模型估计与结果分析

4.3.4.1 空间计量模型的估计与检验

根据4.3.3节对模型的选择，本书建立具有空间固定效应的SLM模型，具体形式为

$$\ln CI_{i,t} = \alpha + \beta \ln(Enstr_{i,t}, Instr_{i,t}, Ei_{i,t}, Ur_{i,t}, \mathrm{GDP}_{i,t}, Pa_{i,t}, \mathrm{FDI}_{i,t}, \mathrm{Opl}_{i,t}) + \rho \boldsymbol{W}_{i,t} \ln CI_{i,t} + \varepsilon_{i,t} \tag{4-13}$$

式中，$CI_{i,t}$为第i个省区第t时间的碳排放强度，β为K行1列的待估计参数向量；α为各解释变量的回归系数；$\boldsymbol{W}_{ij}$为空间权重矩阵；ρ为空间依赖程度，度量的是相邻地区碳排放强度相互影响程度的位置参数。

本书用 Stata 14.0 对中国各省域 2000—2015 年的碳排放强度及其影响因素的面板数据进行回归，回归结果见表 4-7，作为对比，本章把普通面板混合固定效应、SEM 固定效应的回归结果一并给出。

表 4-7　OLS、SLM 和 SEM 固定效应模型估计结果

变量	混合 OLS 固定效应	SLM 固定效应	SEM 固定效应
ln*Enstr*	0.194***	0.411***	0.419***
	(7.79)	(10.59)	(10.76)
ln*Instr*	-0.103	0.133	0.131
	(-1.51)	(1.96)	(1.93)
ln*Ei*	1.190***	0.922***	0.935***
	(35.98)	(20.5)	(20.95)
ln*Ur*	0.0389	0.385***	0.387***
	(0.58)	(6.62)	(6.64)
lnGDP	0.0869**	0.0935*	0.0900
	(3.28)	(2.00)	(1.93)
ln*Pa*	-0.0483**	-0.0507***	-0.0479**
	(-3.25)	(-3.35)	(-3.22)
lnFDI	0.0427*	-0.0713***	-0.0748***
	(2.35)	(-3.40)	(-3.81)
lnOpl	0.0193	-0.0677***	-0.0767***
	(1.01)	(-3.80)	(-4.22)
R^2	0.841	0.846	0.842
λ	—	—	0.214**
	—	—	(-2.59)
ρ	—	0.302***	—
	—	(-5.37)	—

注：括号内为 *z* 值，*、**、*** 分别表示 10%、5%、1% 的显著性水平。

由表4－7可以看出，SLM回归结果的ρ值和SEM回归结果的值均大于0，且分别通过了5%和1%的显著性检验，说明碳排放强度数据存在显著的正空间相关，这意味着一个单位的碳排放强度水平依赖于其临近单位的碳排放强度水平及影响因素，因此，必须把经济地理的空间因素加入到研究中。另外从拟合优度R^2来说，$R^2(SLM) > R^2(SEM) > R^2(OLS)$，空间滞后模型的拟合优度比传统混合面板模型有一定的提高，进一步证明了加入空间效应的模型更加适合中国省域碳排放强度的现状研究。采用空间固定效应的SLM模型的估计结果分析，即表4－7第三列，得到的主要结论如下：

（1）能源结构（ln*Enstr*）、能源强度（ln*Ei*）、城镇化率（ln*Ur*）和经济发展水平（lnGDP）均通过了显著性检验，且估计系数为正，说明这4个变量对碳排放强度起到正向促进作用。按其促进程度排序为：ln*Ei*、ln*Enstr*、ln*Ur*和lnGDP，对碳排放强度的估计系数分别为0.922、0.411、0.385和0.0935。首先，有燃料型能源（包括石油、天然气煤炭等）污染性能源占比较高，而无燃料型能源（包括水能、风能、海洋能等）的占比相对较少。近些年，尽管中国提倡使用清洁能源，大力推进技术创新，努力实施经济转型升级，但是就中国而言，煤炭等化石能源仍然是中国经济发展的主要输出，化石燃料的使用在中西部自然资源较丰富的地区仍然很普遍。特别是煤炭，煤炭消费占总能源消费的70%。因此，能源结构和能源强度对碳排放强度的促进作用非常大，成为导致碳排放强度上升的主要影响因素。其次，随着国家经济发展水平的提升和城镇化进程的推进，农村形势逐渐向城镇模式发展，生活方式也从务农逐渐转向制造业等工业方式，即农业转变为第二产业，城镇生活方式、基础设施等都提高了碳排放强度。另外，城市化与经济增长过程中对能源消费的需求只增不减，在没有更好、更多的清洁能源作为替代品的背景下，城镇化和经济发展只会对碳强度目标带来较大的压力，如何在保证经济发展速度稳步增长，城镇化进程持续推进的前提下，实现碳排放强度目标，是中国政府和学术界面临的新挑战。

（2）技术水平（*Pa*）、外商直接投资（FDI）和对外开放水平（Opl）

均在1%的显著性水平上通过了检验，且估计值系数为负，即对碳排放强度有明显的抑制作用。首先，技术水平、外商直接投资和对外开放水平的提升有利于中国瞄准国际市场，向国际水平靠拢。技术水平的自我提升或是国际合作都有利于创新出新的节能减排技术、低碳设备或者清洁生产设备等，有利于从能源利用率的角度降低碳排放量；其次，外商直接投资所引进的先进技术或者管理经验，又能够通过空间溢出效应带动国内同行业能源利用效率的提高，间接降低中国碳排放强度[75]。最后，对外贸易有利于发展中国家引进先进技术、设备以及管理经验，而且发达国家的“碳关税”壁垒等也迫使发展中国家降低自身产品的碳排放量。

(3) 产业结构（*Instr*）对碳排放强度的影响不显著。原因在于尽管中国第三产业处于高速发展阶段，但仍然面临着占比少、结构不合理等问题。发达国家的第三产业主要以金融、保险、技术服务等高附加值新兴产业为主，反观中国的第三产业，餐饮业、交通运输业等传统服务业占据了40%以上的比例，这些行业仍然是碳排放较高的行业[26]。因此，虽然中国第三产业的总量已经很大，但是对于碳排放强度降低的效果并不理想。在中国“稳发展、调结构”的背景下，需要加大对第三产业内部结构的调整，发展低碳排放的新兴产业，为碳排放强度的下降提供积极的作用。

4.3.4.2 影响因素的空间溢出效应检验

为了检验影响因素是否具有空间溢出效应，即本地区影响因素是否对周围单元的碳排放强度产生影响，本书接下来对其影响因素的直接效应、间接效应和总效应进行了实证分析，结果见表4-8。

表4-8　2000—2015年SLM的直接效应、间接效应和总效应

变量	直接效应	间接效应	总效应
ln*Enstr*	0.432***	0.00126	0.433***
	(5.92)	(0.05)	(5.41)
ln*Instr*	0.0855	0.00224	0.0877
	(1.00)	(0.25)	(0.99)

续表

变量	直接效应	间接效应	总效应
ln*Ei*	0.907***	0.894***	0.906***
	(13.05)	(12.33)	(16.07)
ln*Ur*	0.359***	0.389***	0.361***
	(5.13)	(4.87)	(4.65)
lnGDP	0.0654*	0.000343	0.0658*
	(1.72)	(0.07)	(1.69)
ln*Pa*	-0.0382*	0.0627*	-0.0382*
	(-2.19)	(1.64)	(-2.18)
lnFDI	-0.0369***	-0.1159***	-0.1527***
	(-3.601)	(-5.360)	(-5.82)
lnOpl	-0.0709***	0.0939*	-0.0711**
	(-3.38)	(1.699)	(-3.26)

注：括号内为 z 值，*、**、*** 分别表示 10%、5%、1% 的显著性水平。

结果显示，除了产业结构，其他几个指标都在不同的显著性水平上通过了检验，证明影响因素的空间溢出效应明显。表 4-8 结果表明：

（1）能源结构和能源强度的直接效应、总效应均显著为正，其中能源结构的间接效应不显著，表明能源因素的空间溢出效应明显。能源结构比例高和能源强度较高的地区能源储备比较充足，这对于周围地区来说能源的采购更方便，运输成本也相随较低，比其他离资源丰富地区相距较远的省份存在较大的优势，所以能源的溢出效应最后促进的是 H-H 的碳排放强度集聚类型，应该抑制能源的这种溢出效应。

（2）城镇化进程的三种效应均显著，空间溢出效应明显。城镇化的推进需要大量的基础设施的构建、房屋建筑等，无形中推动了房地产、建筑业、汽车、日用电器等行业的发展，促进了本地城市建设碳排放，这种当地的生产和消费模式将辐射到周边地区，带动周边的生产活动，从而促使周边地区碳排放强度随城镇化发展地区的升高而升高。

(3) 技术水平的三种效应在10%的水平上通过了显著性检验，但是间接效应的估计值大于0，并没有显示出对周围地区碳排放强度的抑制作用。这说明一个地区技术进步，可能会抑制本地区的环境状况，但其他周围相邻地区可能因为技术保留、地区差异而产生的技术不适用等，无法享受到相邻地区技术进步带来的环境改善。

(4) 外商直接投资的三种效应均显著通过，且估计结果未负，结合上面影响因素的研究结果可以得出，外商直接投资不仅能够抑制当地碳排放强度的上升，还能够将这种好处辐射到周边地区，使得周边地区碳排放强度得到相应地改善。

(5) 对外开放水平的空间溢出效应检验结果同技术水平的结果相似，间接效应为正值，说明本地区对外开放水平的提升会使周围地区碳排放强度升高。另外，产业结构指标没有通过检验，说明其空间溢出效应不明显。

基于空间视角，将空间效应加入到计量模型中，构建空间计量模型，探讨不用影响因素对碳排放强度的影响及其空间溢出效应。首先，运用LM检验残差的空间自相关性，再对比LM－lag、LM－error、R－LMlag、R－LMerror四个值，对SLM和SEM进行选择，同时对SDM进行Wlad检验，检验SDM是否可以简化SLM和SEM，两个检验的结果表明SLM为本书的最优模型。接下来采用SLM的回归结果对碳排放强度的影响因素进行实证分析。实证结果显示：一是随机误差项的的空间自相关系数λ值和空间自回归系数ρ值均大于0，且分别通过了1%和5%的显著性检验，充分表明省域碳排放强度的空间效应的存在性，而对于OLS、SLM和SEM的回归结果中的拟合优度可以看出加入空间效应的SLM和SEM比OLS的拟合精度高；二是能源结构、能源强度、GDP和城镇化率对碳排放强度的提高有正向促进作用；三是对外开放水平，外商直接投资和专利授权量对碳排放强度有明显的抑制作用，产业结构对碳排放强度的回归效果并不显著。

空间溢出效应检验的结果显示要采取措施抑制能源和城镇化的空间溢出效应，防止一方碳强度水平升高带动周围省份均升高的恶性现象；加强技术进步的普适性和共享性，提高外商引进和对外贸易质量，积极发挥其积极的辐射效应，争取早日完成新一轮的碳排放强度目标。

4.4 中国省域碳排放的政策建议

根据前面的研究结论，针对十九大关于着力解决突出环境问题，持续实施大气污染防治行动，建立健全的绿色低碳模式，早日实现碳强度的目标，其政策范围应该涵盖产业、经济、贸易、能源等各领域，既要重视全面整体的政策施行，更要注重区域差异化，具体而言，给出以下政策建议。

4.4.1 控制能源使用，提高发展质量

中国经济高速发展的30年得到了世界的认可，但为了经济发展而被忽视的环境问题已经日益明显。由本书的研究结论可以发现，经济发展、经济发展和城镇化过程中带来的能源消耗，都对碳排放强度的提高有着正向促进作用，经济发展较高或者自然资源丰富的地区，碳排放强度相对较高[76]。因此，想要实现环境与经济之间的良性平衡，早日达到碳排放强度的目标，就要控制能源使用和经济发展，一味地追求经济发展而搁置环境问题的做法不可取，二者应该同步进行，没有先后之分。

十九大明确指出，要健全绿色低碳循环发展的经济体系，推进能源生产和能源消费的革命，构建清洁低碳、安全高效的能源体系。在新目标文件的指导下，国家应该大力支持能耗低、排放低、附加值高的产业，同时对能耗高、排放高的产业进行控制，以求实现经济平稳增长和环境日益改善。

4.4.2 优化三产结构，发展环保事业

中国第三产业处于发展期，虽然比重逐渐上升，但仍然存在比例低和结构不合理的问题。中国的第三产业目前还是以餐饮业、交通运输等传统服务业为主，这些行业依然是高排放的行业[77]。因此，尽管中国一直在调整产业结构，但对碳排放强度的降低效果并不明显。中国不仅要调整三大产业比例，还要从第三产业内部进行调整，推动互联网、大数据、人工智能和经济实体的结合，在创新引领、绿色低碳、共享经济等领域形成新的经济动力。应该支持传统行业的优化升级，加快发展中国的绿色现代服务业，早日达到国际水平。作为战略性新兴产业的节能环保产业对经济与环境的良性平衡起到显著的促进作用，因此，节能环保产业应该受到地方政府的重视，大力支持该产业的发展，并在政策方面给予优惠。

4.4.3 鼓励科技研究，创新环保技术

从碳排放强度的影响因素来看，专利授权量对碳排放强度的降低有明显的促进作用。环保技术的革新带来的效果是多方面的，不仅能够带动产业升级，实现技术转型，还能够间接改善环境质量。因此，政府应该鼓励科技创新，加大对环保技术的投入，不仅对历史遗留的污染问题所采用的事后治理技术进行创新，更要对防止带来污染的事前防治技术进行创新，比如清洁生产技术的创新升级、新能源和节能材料的制造等。只有将污染的源头和结果都控制得当，才能获得更好的环保效果。科技无国界，中国自主发展的同时也应该积极引进国外的先进技术，加强与发达国家的技术交流，实现合作研发。

4.4.4 提升外资引进，优化进出口贸易

逐渐扩展外商直接投资，学习西方国家先进的管理经验和技术，并注重经验与技术的空间溢出效用，利用示范效应和竞争效应使得区域之间相互影响，重点吸收清洁生产技术和低碳减排技术等。特别需要注意的是，

我们不能盲目地学习外资技术，应该对耗能高、排放高的企业提高准入门槛，做好外资引进的管理与筛选制度。同时，对于很多学者指出的关于国外企业将其原产品的生产基地建立在我国，生产高能耗产品间接导致我国碳排放强度增加的问题，我国确实应该重视起来，严格限制外企的准入门槛。在加大改革开放和对外贸易的同时，加强对中国本土环境的保护力度。对外贸易合作中要注重低排放、低消耗产品的比例。此外，采取向外企收取押金、隐含碳税或者环境经责任保险等途径，来抵消由于外资企业无法规制的碳排放，将损害内化，采用本国技术进行改善。

第5章 建筑材料行业节能减排项目后评价研究

5.1 建筑材料行业节能减排概述

5.1.1 建筑材料行业概述

建筑材料产业是中国国民经济建设的重要基础原材料产业之一，按照中国现行统计口径，建筑材料行业主要包括水泥、平板玻璃及加工、建筑卫生陶瓷、房建材料等门类。其产品在建筑行业、军工、环境保护、高新技术产业及人民生活等领域得到广泛应用。改革开放以来，中国建材行业由小到大，由弱到强，经历了一个跨越式的发展阶段，对促进中国国民经济的发展起到了重要的作用。截至 2017 年底，中国建筑材料行业涵盖约 80 多个大类，1400 多个品种，从业人员 956.21 万人，共有企业约 61123 个。2017 年，中国建筑材料行业的主营收入达到 7500 万亿元，利润总额约 5173 亿元，同比分别增长了 8%、17%。

5.1.1.1 水泥行业

水泥工业是建筑材料行业的重要组成部分之一。2017 年，中国水泥产量为 23.16 亿吨，其中采用水泥熟料的产能为 14 亿吨。目前，中国熟料生产产量超过千万吨的企业有 24 家，合计熟料产量达到 12.04 亿吨，约占熟料总产量的 86%。通过推广变频调速、余热发电、节能粉磨、废渣综合利用、水泥助磨剂等技术，中国吨产品综合能耗降低至 97 千克标准煤，累计减少了 1160 座超低温预热发电项目。

5.1.1.2 墙体材料行业

2017年中国生产新型墙体材料总量为5302亿块标砖，生产耐火材料2292.54万吨，生产沥青防水卷材11.36亿立方米。节能减排效果显著，综合利用粉煤灰、煤矸石等固体废弃物5.7亿吨。

5.1.1.3 平板玻璃行业

玻璃行业和许多国家的经济支柱行业有密切的关系。2017年，中国平板玻璃实际产量为7.9亿重量箱，其中浮法玻璃产能为6.1亿重量箱，全国排名前10的浮法玻璃生产企业的产量占浮法玻璃产量的63%。节能减排技术推广良好，建设窑炉余热发电项目36座。

5.1.1.4 建筑卫生陶瓷行业

建筑卫生陶瓷行业受能源消费成本影响较大，降低能源消耗已成为建筑卫生陶瓷行业核心竞争力的重要组成部分。2017年，中国生产建筑陶瓷砖的总量为101.46亿平方米，生产卫生陶瓷2.4亿件。高效节能窑炉、建筑陶瓷薄板生产技术、节水型卫生陶瓷生产技术达到了国际先进水平。

5.1.2 建筑材料行业能耗现状

作为传统行业的建筑材料行业，一直以来被称为“两高一资”行业，是仅次于冶金、化工行业的第三大耗能大户。建筑材料行业是典型的能源消耗产业，其对煤炭、石油、电力、天然气等能源有很强的依赖性。上游原材料价格的涨跌对建筑材料行业的成本具有重要的影响力。在世界能源供应短缺与需求不断增加的背景下，能源价格的持续上涨使得建筑材料行业的盈利空间面临更进一步的挤压。2010年，建筑材料行业总能耗为37480万吨标煤，占工业能源消耗总量16.22%，占全国能源消费总量的11.53%，是中国能源消耗的主要行业。单位工业增加值综合能耗降为3吨标准煤。建筑材料行业主要耗能产品能源消耗情况见表5-1。

表 5－1　2010 年建材工业主要耗能产品能源消耗情况

单位：万吨标准煤

行业	能源消耗量	比例结构
水泥行业	19360	51.65
墙体材料行业	8100	21.61
平板玻璃行业	960	2.65
建筑陶瓷行业	4310	11.5
卫生陶瓷	190	0.51
石灰	2460	6.56
其他	2100	5.60
合计	37480	100

由表 5－1 可知，中国建筑材料行业中耗能最大的主要为水泥、墙体材料、平板玻璃、建筑卫生陶瓷等品种，其中水泥行业和墙体材料行业的比重最高，二者合计约占建筑材料行业能源消耗的 70% 以上。

5.1.3 建筑材料行业节能减排现状

5.1.3.1 建筑材料行业节能减排项目的特点

广义上来讲，节能减排项目是指所有能够降低能源资源消耗，以及降低生产过程废弃物、环境有害物等排放量的项目的总称。狭义上来讲，是指能够降低产品能源消耗和温室气体排放量的建设项目。根据项目实施的特点，可将建筑材料行业节能减排项目分为新建项目和节能技术改造项目两个类别，简述如下：

（1）新建项目主要是依靠科学技术的发展，设计和研发低能源、低排放的产品，通过建设新的产品生产淘汰落后产能。

（2）节能技改项目主要是通过先进的技术或设备，对原有的生产线进行改造，降低能源的消耗量，提高产品的产出能力。

建筑材料行业节能减排项目的基本特点如下：

（1）主要为节能技改项目，建筑材料行业投资项目具有投资规模大的特性，因此，多数建筑材料行业节能减排项目多为进行节能减排改造。通过更换先进的生产设备或技术对原有生产设施进行改造，也能达到较为理想的节能减排效果。

（2）节能效果明显，由于建筑材料行业为高耗能行业，能源成本是影响产品生产成本的主要因素之一，实施节能技改，使企业能源消费总量减少，降低产品运营成本。

（3）环境效益良好，建筑材料行业节能减排项目节约了能源消耗量，降低了废弃物及空气污染物的排放量。

5.1.3.2 建筑材料行业节能减排技术现状

目前，水泥行业节能减排技术主要为：低温余热发电技术、高固气比预热预分解技术、筒辊磨粉磨技术、大中型水泥窑等。其中，高固气比预热预分解技术被作为国家推广运用的技术，根据三易水泥股份有限公司、陕西阳山庄水泥有限公司和云南水泥有限公司利用该技术设计水泥燃料烧成系统的运营效果显示，每吨熟料产品能耗节约标煤14.3千克。

目前，玻璃行业节能减排技术主要为：富氧燃烧技术、玻璃熔窑余热预热配合料技术、开发新型复合性原料和助熔剂、Low－E节能玻璃技术、玻璃熔窑辅助电助熔技术与装备、玻璃熔窑余热发电技术等。其中，Low－E节能玻璃技术被作为国家推广运用的技术，根据中央电视台和首都机场T3航站楼的运用效果统计，安装15万平方米的此种玻璃每年能够节省4180吨标准煤，相应每年可减少二氧化硫排放量约80吨，一氧化碳约1.1吨，碳氢化合物约0.45吨，氮氧化物约45.5吨，二氧化碳约1万吨、灰渣约1306吨。

目前，建筑卫生陶瓷行业节能减排技术主要为：压力注浆机、节能型合成树脂幕墙、填塞发泡聚苯乙烯烧结空心砖、连续球磨机、工业节能窑炉等。其中，填塞发泡聚苯乙烯烧结空心砖技术和工业节能窑炉预混式二次燃烧节能技术被作为国家的推广技术，将通常使用的铝塑板外墙装饰用墙改成由腻子、底漆和涂料组成的合成树脂幕墙，每平方米的生产能耗由现今的20.56千克标准煤降为了2.44千克标准煤。

5.2 建筑材料行业节能减排项目后评价模型

5.2.1 建筑材料行业节能减排项目后评价的特点、模型选择及原理

1. 特点

建筑材料行业节能减排项目后评价是一个涉及经济、社会、环境、节能减排等多方面评价因素的系统的评价工程。其评价过程主要有以下几个特点：

（1）时间跨度大。节能减排项目后评价时间过程是自项目投资决策至项目达产运营1～2年，评价时间跨度大，需要运用定性和定量的方法综合考虑资金的时间价值、利率、投资风险、政策、产品市场需求等多方面的因素，部分内容不能简单地进行定量或定性的评价，评价过程存在不确定性。

（2）评价指标多。建筑材料行业节能减排项目后评价内容涉及多方面的内容，需考虑不同领域的单级综合评价结果，相应评价指标繁多。

（3）评判标准的不唯一性。已存在较为成熟的后评价方法和评价程序，但还未形成一个统一的、规范的、科学的评价指标体系，现行的后评价方法都有自身的优缺点。节能项目拥有多种评价等级和标准，对介于两种等级之间评判处理的准确性影响着评价结果的可信度。

2. 模型选择

综合评判是对多种属性的事物，或者说其总体优劣受多种因素影响的事物，做出一个能合理地综合这些属性或因素的总体评判[152]。它的基本思路是首先确定项目综合评价目标，根据评价目标的需求将影响因素分成若干部分，设定各个部分的评价指标因子并确定权重，然后通过评价模型

进行综合评价，最后根据评价量值和判定标准判定评价结果。

模糊综合评价运用模糊逻辑，能够将评价对象中的不确定性信息进行处理，量化评价过程中存在的模糊现象，是一种将模糊信息精确化的方法。由于建筑材料行业节能减排项目后评价指标存在不易量化的指标，需要兼顾主、客观两方面的因素，根据建筑材料行业节能减排项目后评价的特点，因此本书选择该方法。

本书选择层次分析法确定指标权重，选择该方法的原因主要包括以下 3 个方面：

（1）层次分析法的指标递阶层次结构，清楚地表达了评价对象各指标的逻辑关系，将其运用到建筑材料行业节能减排项目后评价中，能够建立系统的指标体系，清晰地表达各个指标相对于评价对象的作用关系，克服传统评价指标关系混乱的缺点。

（2）层次分析法是一种定量和定性相结合的评价方法。将其运用到建筑材料行业节能减排项目后评价中，能够将评价者的主观评价进行量化，实现对主观思想的进行量化处理。同时，运用层次分析可以得出评价指标的权重值。

（3）层次分析法在实际操作过程中，可以发挥专家效应，充分征询企业内部专家的意见，提高关键岗位识别的准确性与合理性。另外，层次分析法的大量运算比较容易通过计算机程序运行，可操作性较强。

3. 模糊综合评价模型的原理

模糊综合评价法是以模糊数学为理论基础，通过应用模糊关系合成的基本原理，将一些边界不清或不易定量的因素定量化，然后进行综合评价的一种方法[153]。这种方法由于能够克服评价指标定量化难的问题，在评价过程中得到广泛的应用。

模糊综合评价是通过构造等级模糊子集把反映被评事物的模糊指标进行量化即确定隶属度，然后利用模糊变换原理对各指标进行综合[154]。模糊综合评价法一般需要进行多层次综合评价。其主要思想是首先建立待评价对象的评价指标集，然后按照某种特性对指标进行分类分层，采用适当方法确定权重，同时建立隶属函数；其次进行单级因素综合评价，并根据单因素评价最终计算总体评价结果[155]。

模糊综合评价的一般步骤如下：

（1）确定因素集。根据评价对象特点，建立因素集 U。设定待评价对象的因素集为 $U = (u_1, u_2, u_3, \cdots, u_n)$。

（2）确定评判集。确定评语集 D。假设 $D =$（非常成功，较成功，基本成功，不成功，失败），设评判集 $S = (d_1, d_2, d_3, \cdots, d_m)$。

（3）建立隶属关系，计算模糊关系矩阵。根据建立的等级模糊子集，对评价对象整体从单因素角度评价量化，也就是确定评价对象在单因素上的隶属度。设第 i 个单因素指标上 U 到 D 的模糊映射关系 $R_i = (r_{i1}, r_{i2}, \cdots, r_{im})$。那么，$n$ 个因素指标的评判矩阵 R 为

$$R = \begin{pmatrix} r_{11} & r_{12} & \cdots & r_{1m} \\ r_{21} & r_{22} & \cdots & r_{2m} \\ \vdots & \vdots & \cdots & \vdots \\ r_{n1} & r_{n2} & \cdots & r_{nm} \end{pmatrix} = (r_{ij})_{n \times m} \tag{5-1}$$

式中，$r_{i1} + r_{i2} + \cdots + r_{im} = 1, i = 1, 2, \cdots, n$；$r_{ij}$ 为评价对象整体从单因素 u_i 上看在评价等级 d_j 上的隶属度。

（4）确定模糊权向量。由于单因素相对于整体评价对象来说重要程度不同，需要在进行整体向量合成前，计算模糊权向量 $\boldsymbol{w}_i$，即

$$\boldsymbol{w}_i = (w_{i1}, w_{i2}, \cdots, w_{in}) \tag{5-2}$$

式中，w_{ij} 为单因素 u_i 相对于评价对象整体上的权重，设目标层单因素排序矩阵为 $\boldsymbol{Q}$。

（5）确定单因素模糊综合评价结果向量。设单因素模糊综合评价结果向量为 $\boldsymbol{y}_i$，则

$$\boldsymbol{y}_i = \boldsymbol{w}_i \boldsymbol{R}_{ui} \tag{5-3}$$

（6）确定模糊综合评价向量。根据单因素模糊综合评价结果向量 $\boldsymbol{y}_i$ 计算模糊总评价向量 $\boldsymbol{Y}$，即

$$Y = \begin{pmatrix} y_1 \\ y_2 \\ \vdots \\ y_n \end{pmatrix} \tag{5-4}$$

对 **Y** 向量和 **Q** 向量进行合成运算，求得模糊综合评价结果向量 **F** 为

$$F = QY \tag{5-5}$$

（7）确定评价对象等级。通过对评语集 S 各等级设定的不同的分值，一般可采用百分制或十分制等，结合计算的评价综合向量，计算整体评价结果 Z。

$$Z = FE^{T} \tag{5-6}$$

式中，**E** 为评语集各等级设定的分布尺度。

5.2.2 构建指标体系的方法

5.2.2.1 层次分析法的原理

层次分析法（Analytic Hierarchy Process，AHP）是由美国运筹学家、匹兹堡大学的教授 T. L. Saaty 于 20 世纪 70 年代创立的一种系统分析与决策的综合评价方法[156]。层次分析法通过利用事物内在的逻辑联系，运用递阶层次结构清晰表达出来，把复杂的问题划分为系统的若干组成部分，建立一个层次结构框架模型，为解决主观问题量化提供工具。

使用层次分析的基本程序为：

（1）分析研究对象的特点，选取指标，建立递阶层次结构。

（2）对比同层指标相对于上一层指标的重要程度，获得判断矩阵。

（3）运用判断矩阵计算同层元素相对上一层元素的权重。

（4）计算指标层对于目标层的权重。

5.2.2.2 建立递阶层次结构

评价指标体系建立的基本思路：根据构建指标体系的基本方法，在查

阅大量文献的基础上，确定建材行业节能减排项目后评价的初步评价指标体系。采用专家调查法，对初步选定指标的科学性和实用性进行矫正。本书在初步拟定指标体系的基础上，采用德尔菲法对指标体系进行调整和修正。德尔菲法是由美国的兰德公司和道格拉斯公司于20世纪50年代合作创立的，作为一种专家调查法，主要依靠专家本身的知识结构和经验对某个对象进行分析或决策[157]。

递阶层次结构一般由目标层、准则层、指标层构成，其中目标层通常只有一个，即评价对象的目标。中间层为准则层，准则层可以根据需求设置单层或多层。各层元素都受上一层元素来支配，最终受目标层支配。递阶层次结构反映了各个层次之间的上下层支配关系。本书建筑材料行业节能减排项目后评价的评价指标体系分为3个层次：

(1) 最高层为节能减排项目的综合效果，这个层次的含义是建设项目理想状态，一般只取一个评价指标。本书最高层为节能减排项目的综合效果。

(2) 中间层为实现项目目标层应遵循的法则或规则。这个部分是评价指标的重要部分，一般由若干个部分组成，决定着评价目标的广度。中间层包括准则层和子准则层，通称准则层。本书选定准则层为一层，主要准则为经济效益、环境效益、节能效益、目标可持续性效益等。

(3) 最底层为措施层，为实现项目目标的最直接措施。

递阶层次结构中目标层、准则层、方案层之间的关系如图5-1所示。

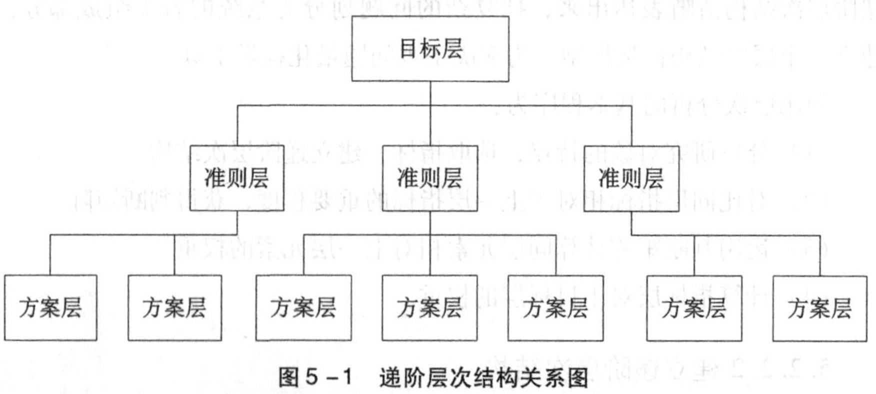

图5-1　递阶层次结构关系图

5.2.2.3 构建指标体系

通过查阅大量理论文献，在初步建立评价指标体系的基础上，根据相关行业专家提出的建议对指标内容进行修改和调整，建立了建筑材料行业节能减排项目后评价的评价指标体系，见表5-2。

表5-2　建材行业节能减排项目后评价的评价指标体系

<table>
<tr><th>目标层</th><th>准则层</th><th>措施层</th></tr>
<tr><td rowspan="7">建筑材料行业节能减排项目后评价结果（$\boldsymbol{A}$）</td><td rowspan="7">经济效益（$\boldsymbol{B}_1$）</td><td>净现值率（$\boldsymbol{C}_{11}$）</td></tr>
<tr><td>财务内部收益率（$\boldsymbol{C}_{12}$）</td></tr>
<tr><td>财务净现值（$\boldsymbol{C}_{13}$）</td></tr>
<tr><td>静态投资回收期（$\boldsymbol{C}_{14}$）</td></tr>
<tr><td>动态投资回收期（$\boldsymbol{C}_{15}$）</td></tr>
<tr><td>经济净现值（$\boldsymbol{C}_{16}$）</td></tr>
<tr><td>经济内部收益率（$\boldsymbol{C}_{17}$）</td></tr>
<tr><td rowspan="11">建筑材料行业节能减排项目后评价结果（$\boldsymbol{A}$）</td><td rowspan="4">目标可持续评价（$\boldsymbol{B}_2$）</td><td>空气质量改善（$\boldsymbol{C}_{21}$）</td></tr>
<tr><td>水体质量改善（$\boldsymbol{C}_{22}$）</td></tr>
<tr><td>土壤质量改善（$\boldsymbol{C}_{23}$）</td></tr>
<tr><td>噪音环境改善（$\boldsymbol{C}_{24}$）</td></tr>
<tr><td rowspan="7">环境影响评价（$\boldsymbol{B}_3$）</td><td>绿化植被（$\boldsymbol{C}_{25}$）</td></tr>
<tr><td>缓解能源压力（$\boldsymbol{C}_{31}$）</td></tr>
<tr><td>促进技术进步（$\boldsymbol{C}_{32}$）</td></tr>
<tr><td>带动相关产业（$\boldsymbol{C}_{33}$）</td></tr>
<tr><td>增加就业岗位（$\boldsymbol{C}_{34}$）</td></tr>
<tr><td>促进环境保护事业（$\boldsymbol{C}_{35}$）</td></tr>
</table>

续表

目标层	准则层	措施层
	社会影响评价（$\boldsymbol{B}_4$）	促进社会稳定（$\boldsymbol{C}_{36}$）
		投资节能水平（$\boldsymbol{C}_{41}$）
		投资减排水（$\boldsymbol{C}_{42}$）
		能源消耗节约（$\boldsymbol{C}_{43}$）
		能源综合利用（$\boldsymbol{C}_{44}$）
		单位产品降耗（$\boldsymbol{C}_{45}$）
	节能减排效果（$\boldsymbol{B}_5$）	排放减少量（$\boldsymbol{C}_{46}$）
		粉尘排放减少量（$\boldsymbol{C}_{47}$）
		社会经济条件（$\boldsymbol{C}_{51}$）
		目标可持续性（$\boldsymbol{C}_{52}$）
		经营管理可持续（$\boldsymbol{C}_{53}$）
		环境可持续（$\boldsymbol{C}_{54}$）
		项目效果可持续（$\boldsymbol{C}_{55}$）

5.2.2.4 确定各层级指标的权重

计算指标权重的主要步骤如下：

（1）构造判断矩阵。判断矩阵的建立将会直接影响到各指标权重的确定，应该充分征询企业内部各位专家的意见加以确定。专家小组成员可由行业专家、企业领导、政府主管部门领导、高校教师等资深人士组成。让专家针对上一层某个准则 U（目标层），对下一层与之相关的元素进行两两比较，比较 U_i 所支配的元素 U_i 与 U_j 哪个更重要，并按其重要程度评定等级。记 a_{ij} 为 U_i 元素比 U_j 元素的重要性等级，用“1～9 标度法”对重要性等级赋值。表 5－3 列出了 9 个重要性等级及其赋值。基于准则 U，几个被比较指标通过两两比较构成的判断矩阵 $A=(a_{ij})_{n\times n}$，其中 a_{ij} 为元素 U_i 与 U_j 相对重要度比值。判断矩阵满足 $a_{ij}>0, a_{ji}=1/a_{ij}, a_{ii}=1$，则判断矩阵 $A=[a_{ij}]_{n\times n}$。AHP 法的判断矩阵见表 5－4。

表5-3　指标两两比较时的重要性等级及赋值

序号	重要性的等级	赋值（a_{ij}）
1	U_i 与 U_j 两种元素同等重要	1
2	U_i 比 U_j 稍重要	3
3	U_i 比 U_j 明显重要	5
4	U_i 比 U_j 强烈重要	7
5	U_i 比 U_j 极端重要	9
6	U_i 比 U_j 稍不重要	1/3
7	U_i 比 U_j 明显不重要	1/5
8	U_i 比 U_j 强烈不重要	1/7
9	U_i 比 U_j 极端不重要	1/9

表5-4　AHP法的判断矩阵

U	U_1	U_2	…	U_n
U_1	a_{11}	a_{12}	…	a_{1n}
U_2	a_{21}	a_{22}	…	a_{2n}
⋮	⋮	⋮	⋮	⋮
U_n	a_{n1}	a_{n2}	…	a_{nn}

（2）计算单层综合指标权重。常见确定权重的方法有最大特征根法、方根法与和差法，基于科学性原则与可行性原则的考虑，本书选用计算较为简单化的方根法来确定权重。具体方法如下：

1）将判断矩阵按行对各分量连乘，求其几何平均值，即

$$\bar{w}_i = \sqrt[n]{\prod_{j=1}^{n} a_{ij}} \tag{5-7}$$

得出一个 n（指标个数）维列向量 $\bar{\boldsymbol{W}} = (\bar{w}_1, \bar{w}_2, \cdots, w_n)^{\mathrm{T}}$，由于一个特征根所对应的特征向量一般不是唯一的，为了确切起见，对所求得的 n 维向量进行归一化处理，最后所得的向量各分量作为各元素的权重，权重向量 $\boldsymbol{W} = (w_1, w_2, \cdots, w_n)^{\mathrm{T}}$，其中

$$w_i = \frac{\bar{w}_i}{\sum_{i=1}^{n} \bar{w}_i} \tag{5-8}$$

2）为了保证上述求得权重的可靠性与合理性，进行一致性检验。具体步骤如下：

a. 求出最大特征根 max，即

$$\max = \frac{1}{n} \sum_{i=1}^{n} \frac{(\boldsymbol{AW})_i}{w_i} \tag{5-9}$$

b. 求出一般性指标 CI，即

$$CI = \frac{\max - n}{n - 1} \tag{5-10}$$

c. 查表得到相应 n 值的平均随机一致性指标 RI，见表 5-5。

表 5-5　平均随机一致性指标 RI 的值

n	1	2	3	4	5	6	7	8	9	10
RI	0	0	0.52	0.89	1.12	1.24	1.32	1.41	1.45	1.49

d. 根据求得的 CI，与查表所得的 RI，可计算一致性比率 CR，具体公式为

$$CR = \frac{CI}{RI} \tag{5-11}$$

当 $CR < 0.1$ 时，表明判断矩阵的逻辑合理，可以接受；当 $CR \geqslant 0.1$ 时，表明判断矩阵逻辑混乱，不可以接受，需要重新进行调整，直到通过一致性检验，确保权重的合理性。

（3）层次综合排序。重复式（5-8）~式（5-10），综合考虑各专家

的意见，确定指标体系各层次指标的权重。

5.2.3 建筑材料行业节能减排项目模糊综合后评价模型计算

5.2.3.1 因素子集模糊矩阵的计算

计算模糊矩阵，首先建立评价对象因素集 U、评语集论域 D。设定评判等级集 $S = (d_1, d_2, d_3, \cdots, d_s)$ 。

设评价因数集 U 的指标数为 n，即 $\boldsymbol{U} = (u_1, u_2, u_3, \cdots, u_n)$ ，则 m 个专家根据自身经验对评价对象因素集进行打分可获得评价矩阵 $\boldsymbol{R}$ 为

$$\boldsymbol{R} = \begin{pmatrix} r_{11} & r_{12} & \cdots & r_{1m} \\ r_{21} & r_{22} & \cdots & r_{2m} \\ \vdots & \vdots & \cdots & \vdots \\ r_{n1} & r_{n2} & \cdots & r_{nm} \end{pmatrix} \tag{5-12}$$

运用合适的方法计算评价对象因素子集在评语论域上的隶属度，得到模糊隶属矩阵 $\boldsymbol{X}$，即

$$\boldsymbol{X} = \begin{pmatrix} x_{11} & x_{12} & \cdots & x_{1s} \\ x_{21} & x_{22} & \cdots & x_{2s} \\ \vdots & \vdots & \cdots & \vdots \\ x_{n1} & x_{n2} & \cdots & x_{ns} \end{pmatrix} \tag{5-13}$$

确定函数隶属度常用的方法有专家评价法和模糊统计法，简述如下：

（1）专家评价法。专家评价法首先应设定分层评价尺度，然后由专家对所有的评价因素指标进行打分，获得评价指标的隶属矩阵。

（2）模糊统计法。模糊统计法运用模糊的概念，对评价对象进行统计实验，其一般步骤为：首先将模糊评价评语论域分为若干模糊子集，然后运用统计调查的方法对评价对象进行实验统计，计算各因素指标在评价论域模糊上的频数即为隶属度。

5.2.3.2 计算指标权重向量

运用层次分析法计算权重，设准则层 $\boldsymbol{B}_i$ 下一级直接指标层 $\boldsymbol{C} = (c_1,$

$c_2,\cdots,c_n$）。运用"1～9 标度法"对各子集向 $\boldsymbol{B}_i$ 的重要性进行打分，建立准则层指标 $\boldsymbol{B}_i$ 的评价矩阵 $\boldsymbol{J}_i$ 为

$$\boldsymbol{J}_i = \begin{pmatrix} r_{11} & r_{12} & \cdots & r_{1n} \\ r_{21} & r_{22} & \cdots & r_{2n} \\ \vdots & \vdots & \ddots & \vdots \\ r_{n1} & r_{n2} & \cdots & r_{nn} \end{pmatrix} \tag{5-14}$$

$\boldsymbol{J}_i$ 矩阵中元素 r_{ij} 的含义为相对于指标 $\boldsymbol{R}$ 来说，指标 g_i 与 g_j 的重要程度。r_{ij} 满足两个特性，即 $i=j$ 时，$r_{ij}=1$；$i \neq j$ 时，$r_{ij}=\dfrac{1}{r_{ji}}$。

由式（5－8）和式（5－9）计算出指标层 $\boldsymbol{C}_j$ 相对于准则层 $\boldsymbol{B}_i$ 的权重向量 $\boldsymbol{w}_i$ 为

$$\boldsymbol{w}_i = (w_{ic_1}, w_{ic_2}, \cdots, w_{ic_n}) \tag{5-15}$$

并运用式（5－10）和式（5－11）进行一致性检验，通过检验即为准则层单层因素的权重向量 $\boldsymbol{w}_i$。

对评价对象目标层 $\boldsymbol{A}$ 和准则层 $\boldsymbol{A}$ 做单层次因素权重计算，求得准则层各元素的目标层单层次权重向量 $\boldsymbol{Q}$，即

$$\boldsymbol{Q} = (q_1, q_2, \cdots, q_m) \tag{5-16}$$

对准则层单层次权重向量和目标层单层次权重向量进行合成，求得单因素综合总排序权重 $\boldsymbol{M}$，即

$$\boldsymbol{M} = (m_1, m_2, \cdots, m_i)\boldsymbol{w}_i^{\mathrm{T}} \tag{5-17}$$

式中，$m_i = q_i \boldsymbol{w}_i^T$，$\boldsymbol{w}_i^{\mathrm{T}}$ 为准则层 $\boldsymbol{B}_i$ 的权重向量 $\boldsymbol{w}_i$ 的转置。

5.2.3.3 单因素模糊综合评价

已知因素子集 u_i 的模糊评价矩阵 $\boldsymbol{X}_{u_i}$ 为

$$\boldsymbol{X}_{u_i} = \begin{pmatrix} x_{11} & x_{12} & \cdots & x_{1s} \\ x_{21} & x_{22} & \cdots & x_{2s} \\ \vdots & \vdots & \ddots & \vdots \\ x_{n1} & x_{n2} & \cdots & x_{ns} \end{pmatrix} \tag{5-18}$$

又已知因素子集 u_i 的模糊指标权重 $\boldsymbol{w}_i$ 为

$$\boldsymbol{w}_i = (w_{ic_1}, w_{ic_2}, \cdots, w_{ic_n}) \tag{5-19}$$

则单因素模糊综合评价 $\boldsymbol{y}_i$ 为

$$\boldsymbol{y}_i = \boldsymbol{w}_i \boldsymbol{X}_{u_i} = (w_{ic_1}, w_{ic_2}, \cdots, w_{ic_n}) \begin{pmatrix} x_{11} & x_{12} & \cdots & x_{1s} \\ x_{21} & x_{22} & \cdots & x_{2s} \\ \vdots & \vdots & \ddots & \vdots \\ x_{n1} & x_{n2} & \cdots & x_{ns} \end{pmatrix} \tag{5-20}$$

5.2.3.4 计算模糊综合评价结果向量

设因素 $\boldsymbol{U}$ 评价子集有 k 个，同理可以得到 k 个隶属评价值向量，将其合成可以获得综合评价模糊隶属矩阵 $\boldsymbol{Y}$，即

$$\boldsymbol{Y} = \begin{pmatrix} y_1 \\ y_2 \\ \vdots \\ y_k \end{pmatrix} = \begin{pmatrix} y_{11} & y_{12} & \cdots & y_{1n} \\ y_{21} & y_{22} & \cdots & y_{2n} \\ \vdots & \vdots & \ddots & \vdots \\ y_{k1} & y_{k2} & \cdots & y_{kn} \end{pmatrix} \tag{5-21}$$

5.2.3.5 进行模糊综合评价

已知模糊综合评价权向量 $\boldsymbol{Q}$ 和模糊评价矩阵 $\boldsymbol{Y}$，则因素集的综合评价矩阵 $\boldsymbol{F}$ 为

$$\boldsymbol{F} = \boldsymbol{QY} = (q_1, q_2, \cdots, q_m) \begin{pmatrix} y_{11} & y_{12} & \cdots & y_{1n} \\ y_{21} & y_{22} & \cdots & y_{2n} \\ \vdots & \vdots & \ddots & \vdots \\ y_{k1} & y_{k2} & \cdots & y_{kn} \end{pmatrix} \tag{5-22}$$

通过对评语集 S 各等级设定的不同的分值，一般可采用百分制或 10 分制等，结合计算的评价综合向量，计算整体评价结果 Z 。

设 $\boldsymbol{S} = (d_1, d_2, \cdots, d_s) = (e_1, e_2, \cdots, e_s)$，则

$$Z = \boldsymbol{F}\boldsymbol{S}^{T} \tag{5-23}$$

Z 值即评价对象的综合评价值。

5.2.4 建筑材料行业节能减排项目后评价基本程序

建筑材料行业节能减排项目后评价根据评价实施主体的不同，可以将其分为项目建设单位自我评价和聘请外部机构进行后评价两种类别，其实施的程序基本相同，主要实施步骤如下：

（1）明确节能减排项目后评价的目标。确定后评价的目标是其评价工作的开展首要环节。项目决策者和管理者应尽早决策是否开展后评价工作，设定后评价的目标。按照项目的生命周期理论，项目后评价涉及项目建设全生命周期整个阶段，提前确定项目的目标，使项目实施过程中资料的收集更为详细和准确。建材行业节能减排项目一般为节能技改项目，按照有无对比原则的原理，应在项目评价实施前对环境影响、能源消费、经济效益等指标内容进行统计。

（2）选定评价机构，组建评价小组。根据评价对象的特点和投资决策者的要求，选择自我评价或外部评价，聘请行业内的专家组建评价小组。

（3）编制后评价工作实施计划。建筑材料节能项目后评价是一个长期、复杂的过程，编制工作实施计划能够明确其工作的目的、范围、内容、侧重点和深度，减少评价工作的盲目性。

（4）项目后评价的实施。这个过程是项目后评价的核心内容，其主要包括以下几个方面：①书面资料的整理。收集和整理项目在决策、设计、实施等环节中的审批手续和批复文件，评价对象建设前后的相关统计资料以及行业内的规范和准则等书面资料。②现场调查。对项目建设的实际节能情况、环境影响、社会影响等方面进行实地调查，收集其实际的目标实现情况、节能情况、环境保护情况等方面的一手资料，并对收集的资料进行归纳和整理。③整理分析资料，评价结论。对收集到的资料和数据进行必要的校核和检验，进一步论证和筛选可靠资料；结合定量和定性的方法，从项目建设前后效果、项目本身运营情况、项目未来情况预测 3 个方面对项目建设整体效果进行评价，提出项目建设结论。

（5）编写后评价报告。后评价报告是对以上工作的记录和总结，应真实反映项目后评价的整个过程，分析评价对象存在的问题，总结项目实施的经验教训，反馈到项目投资决策者和管理者。

5.3 DL水泥有限公司节能减排项目后评价的实证分析

5.3.1 DL水泥有限公司节能技术改造项目概况

5.3.1.1 公司简介

DL水泥有限公司是H省一家股份制水泥生产企业，注册资本45194万元。截至2010年底，公司总资产为148097.64万元，实现销售净利润17311万元。公司拥有日产5000吨新型干法水泥生产线一条，2010年产水泥熟料165万吨，生产水泥100万吨。2005年8月，DL水泥有限公司被Z省发展和改革委员会确定为循环经济发展试点单位。2006年12月，被Z省发展和改革委员会认定为资源综合利用企业，属于Z省的“3515节能行动计划”企业。DL水泥有限公司产品畅销华中地区，绝大部分产品用于公共基础设施建设工程之中。

5.3.1.2 项目背景

目前，能源问题已成为制约中国经济发展的重要因素。未来几十年，随着中国工业化和城镇化的快速推进，能源供应不足与需求总量逐渐增加之间的矛盾将更加严重。缓解能源危机，不仅需要靠寻找替代能源资源，同时要求降低能源消费，提高能源消费效率，节约能源已经成为各国缓解能源压力的重要手段。DL水泥有限公司所属的水泥行业是中国重点高耗能行业之一。随着城镇化进程的推进，水泥行业的总体生产规模的不断扩大，其消耗的资源和能源也在逐年增加。由于其对资源和能源的高度依赖，不仅造成了严重的能源安全和资源紧张问题，而且造成了严重的环境问题。

目前，能源成本的不断增加也成为限制企业发展瓶颈，如何降低能源消耗已成为水泥行业持续发展所面临的首要问题。DL 水泥有限公司虽然采取了大量的节能减排工作，由于资金和管理缺失等原因，企业产品能耗水平依然较高。为寻求自身发展，降低企业运营成本，DL 水泥有限公司提出了节能技术改造项目。DL 水泥有限公司节能技改项目主要是采用先进工艺对原有高耗能工序进行改造，主要是针对水泥熟料生产系统和水泥生产系统进行节能技术改造，降低能耗，挖掘利润空间，提高其自身市场竞争力。

5.3.1.3 项目实施内容

该项目于2009 年10 月开工，目标计划是对水泥熟料生产系统和水泥生产系统进行节能技术改造。2010 年 11 月改造工程基本结束，由项目单位组织试运行，初步验收情况良好。项目实施的主要内容如下：

（1）熟料烧成系统节能改造。项目燃烧器改造主要是更换新型的多通道燃烧器，采用 TJB－KP－14 型四风道节煤燃烧器改造原有的燃烧器。其特点是一次空气消耗量较传统设备少，减低 NO_x 的排放量，具有节能、环保等多种优点。项目改造工程选用了博纳公司的 TJB－KP－14 型四风道节煤燃烧器。通过更换窑头和分解炉的燃烧器，共使用了 TJB－KP－14 型四风道节煤燃烧器 3 套，其中窑头 1 套，分解炉 2 套。熟料烧成系统节能改造的详细设备情况见表 5－6。

表 5－6　燃烧器改造设备清单

序号	设备名称	规格型号	单位	数量
1	节煤燃烧器本体	TJB－KP－14 型四风道节煤燃烧器	套	3
2	新型耐火材料	硅莫红砖耐火材料	吨	350
3	浇注料	G－17 浇注料	吨	288
4	其他辅助设备	AK 热工控制系统设备	套	1

（2）熟料烧成系统节能改造。熟料烧成系统节能改造内容是加入节煤助燃剂。节煤助燃剂的原理是在不同受热温度下，释放 O_2 提高煤炭的燃烧效率，节约煤炭资源，其本身含有的固硫成分与燃烧过程的二氧

化硫进行反应，降低硫化物的排放量。节煤助燃剂改造是在窑头和窑尾的喷煤管中掺加节煤助燃剂，与燃煤充分混合。主要是对窑头和分解炉的喷煤管进行改造，每个喷煤管增加1个电子流量计和1个助燃剂喷洒器，并配备2个节煤助燃剂的储存罐。熟料生产线有1个窑头和2个分解炉，共需要配备3套。熟料烧成系统节能改造方案使用的主要设备见表5-7。

表5-7 节煤助燃剂改造设备清单

序号	设备名称	单位	数量
1	电子流量计	台	3
2	喷散器	台	3
3	储存罐	台	6

（3）熟料烧成系统节能改造。熟料烧成系统节能改造内容为低电压电动机采用变频调速，高压鼠笼电机采用高压变频调速。项目实施过程中主要对企业各电力室进行了改造，拆除液力偶合器装置。熟料烧成系统节能改造主要内容见表5-8。

表5-8 电力室改造内容表

序号	电力室名称	改造主要设备	电力室改造内容
1	生料磨电力室	窑尾排风机	扩建
2	窑尾电力室	窑尾高温风机	利用现有的空间
3	窑头电力室	篦冷机冷却风机	扩建
4	煤磨电力室	煤磨排风机	新建

5.3.1.4 节能效果及总投资

根据企业提供的资料显示，水泥熟料生产系统节能改造实施后，每吨熟料节省燃煤标煤8.99千克，每吨熟料节约电力4.08千瓦时，折标煤1.43千克。每年可节约燃煤折标煤12511吨，节约电力673.7万千瓦时，折标煤2358吨，合计标煤14869吨。通过水泥生产系统节能改造，节约电力46.8万千瓦时，折标煤164吨。项目总节能量15033吨标煤。

该项目实施共投资1309万元。通过节能改造，全年共节标准煤15033吨，年均新增节能效益为1203万元。

5.3.2 构架DL水泥有限公司节能技术改造项目综合评价模型

5.3.2.1 建立层次结构图

依据本书所介绍的层次分析法的理论，将DL水泥有限公司节能技术改造项目的综合评价指标分为若干组，并按照各指标之间的隶属关系建立递阶层次结构，递阶层次结构一般包括目标层、准则层、指标层3个部分，初步建立了评价指标体系。为保证评价指标的科学性和有效性，通过咨询相关领域的专家，结合专家意见对初步设定的评价指标体系进行调整和完善，最终DL水泥有限公司节能技术改造项目评价指标体系。DL水泥有限公司节能技术改造项目的综合评价指标主要包括5个准则层，16个指标层，其中准则层主要包括经济效益评价、环境影响评价、社会效益、节能减排效益评价以及目标可持续评价5个部分，具体详细指标情况如下：

（1）节能减排评价指标的因素主要包括4个：能源消耗节约、投资节能水平、投资减排水平、能源综合利用。

（2）目标可持续评价指标的因素主要包括3个：目标可持续性、项目效果可持续性、经营管理可持续性。

（3）经济效益评价指标的因素主要包括3个：内部收益率、投资回收期、国民经济效益。

（4）社会效益评价指标的因素主要包括3个：缓解能源压力、带动相关产业、促进社会稳定。

（5）环境影响评价指标的因素主要包括3个：空气质量改善、环境保护、噪音环境改善。

DL水泥有限公司节能技术改造项目的综合评价递阶层次见表5-9。

表5-9　综合评价递阶层次

目标层（A）	准则层（B）	指标层（C）
DL水泥有限公司节能技术改造项目综合评价效果（A）	节能减排（B_1）	能源消耗节约（C_{11}）
		投资节能水平（C_{12}）
		投资减排水平（C_{13}）
	目标可持续（B_2）	能源综合利用（C_{14}）
		目标可持续性（C_{21}）
		项目效果可持续（C_{22}）
	经济效益（B_3）	经营管理可持续（C_{23}）
		内部收益率（C_{31}）
		投资回收期（C_{32}）
	社会影响（B_4）	国民经济效益（C_{33}）
		缓解能源压力（C_{41}）
		带动相关产业（C_{42}）
	环境影响（B_5）	促进社会稳定（C_{43}）
		空气质量（C_{51}）
		环境保护（C_{52}）
		噪音环境改善（C_{53}）

5.3.2.2 确定指标权重

运用层次分析法的原理，制定指标权重问卷，咨询相关专家对指标体系中的各评价指标因素进行相互比较，确定相对于上一级别元素的重要性，通过集合相关专家的建议计算各指标因素相对于上一层次评价指标的权重。层次分析首先进行层次单排序，最高层次的单排序就是层次总排序，同时进行一致性检验，最后获得评价指标权重，具体步骤如下：

（1）构建判断矩阵。根据业内专家对各个指标的评价，获得的判断矩阵见表5－10～表5－15。

表5－10　A（DL目标层综合评价效果）判断矩阵

A	B_1	B_2	B_3	B_4	B_5
B_1	1	2	1/2	4	3
B_2	1/2	1	1/3	3	2
B_3	2	3	1	5	4
B_4	1/4	1/3	1/5	1	1/2
B_5	1/3	1/2	1/4	2	1

表5－11　B_1（节能减排）判断矩阵

B_1	C_{11}	C_{12}	C_{13}	C_{14}
C_{11}	1	3	4	5
C_{12}	1/3	1	4	5
C_{13}	1/4	1/4	1	4
C_{14}	1/5	1/5	1/4	1

表5－12　B_2（目标可持续性）判断矩阵

B_2	C_{21}	C_{22}	C_{23}
C_{21}	1	3	5
C_{22}	1/3	1	3
C_{23}	1/5	1/3	1

表5－13　B_3（经济效益）判断矩阵

B_3	C_{31}	C_{32}	C_{33}
C_{31}	1	2	3
C_{32}	1/2	1	2
C_{33}	1/3	1/2	1

表 5－14　B_4（社会效益）判断矩阵

B_4	C_{41}	C_{42}	C_{43}
C_{41}	1	3	4
C_{42}	1/3	1	3
C_{43}	1/4	1/3	1

表 5－15　B_5（环境效益）判断矩阵

B_5	C_{51}	C_{52}	C_{53}
C_{51}	1	2	3
C_{52}	1/2	1	3
C_{53}	1/3	1/3	1

（2）单层次模糊权重排序及一致性检验。

由 $\boldsymbol{A}$（DL 目标层综合评价效果）判断矩阵可知

$$\boldsymbol{Q}_A = (q_1, q_2, q_3, q_4, q_5) = (0.2625, 0.1600, 0.4185, 0.0618, 0.0972)$$

$$\lambda_{max} = 5.0681\text{ , }CI = 0.0170\text{ , }CR = 0.0152 < 0.1$$

满足一致性。

由 $\boldsymbol{B}_1$（节能减排）判断矩阵可知

$$\boldsymbol{w}_{\boldsymbol{B}_1} = (w_{C_{11}}, w_{C_{12}}, w_{C_{13}}, w_{C_{14}}) = (0.5133, 0.2970, 0.1312, 0.0585)$$

$$\lambda_{max} = 4.3286\text{ , }CI = 0.0795\text{ , }CR = 0.0884 < 0.1$$

满足一致性。

由 $\boldsymbol{B}_2$（目标可持续性）判断矩阵可知

$$\boldsymbol{w}_{\boldsymbol{B}_2} = (w_{C_{21}}, w_{C_{22}}, w_{C_{23}}) = (0.6370, 0.2583, 0.1047)$$

$$\lambda_{max} = 3.0385\text{ , }CI = 0.0193\text{ , }CR = 0.0332 < 0.1$$

满足一致性。

由 $\boldsymbol{B}_3$（目标可持续性）判断矩阵可知

$$\boldsymbol{w}_{\boldsymbol{B}_3} = (w_{C_{31}}, w_{C_{32}}, w_{C_{33}}) = (0.5396, 0.2969, 0.1635)$$

$$\lambda_{max} = 3.0092, CR = 0.0079 < 0.1$$

满足一致性。

由 $\boldsymbol{B}_4$（社会效益）判断矩阵可知

$$\boldsymbol{w}_{\boldsymbol{B}_4} = (w_{C_{41}}, w_{C_{42}}, w_{C_{43}}) = (0.6144, 0.2684, 0.1172)$$

$$\lambda_{max} = 3.0735, CR = 0.0634 < 0.1$$

满足一致性。

由 $\boldsymbol{B}_5$（环境效益）判断矩阵可知

$$\boldsymbol{w}_{\boldsymbol{B}_5} = (w_{C_{51}}, w_{C_{52}}, w_{C_{53}}) = (0.528, 0.333, 0.14)$$

$$\lambda_{max} = 3.0385, CR = 0.052 < 0.1$$

满足一致性。

（3）总层次排序及一致性检验。由指标层元素 $\boldsymbol{C}_{in}$ 对于目标层 $\boldsymbol{A}$ 的权重值，$m_{C_{in}} = q_i w_{C_{in}}$ 可以求得各指标总权重。

表 5－16　层次总排序及一致性检验

Table 5－16　Hierarchy total taxis and consistency check

$\boldsymbol{A}$	q_1	q_2	q_3	q_4	q_2	层次总排序
	0.2625	0.16	0.4185	0.0618	0.0972	
能源消耗节约（$\boldsymbol{C}_{11}$）	0.5133	—	—	—	—	0.1347
投资节能水平（$\boldsymbol{C}_{12}$）	0.297	—	—	—	—	0.0780
投资减排水平（$\boldsymbol{C}_{13}$）	0.1312	—	—	—	—	0.0344
能源综合利用（$\boldsymbol{C}_{14}$）	0.0585	—	—	—	—	0.0154
目标可持续性（$\boldsymbol{C}_{21}$）	—	0.637	—	—	—	0.1019
项目效果可持续（$\boldsymbol{C}_{22}$）	—	0.2583	—	—	—	0.0413
经营管理可持续（$\boldsymbol{C}_{23}$）	—	0.1047	—	—	—	0.0168
内部收益率（$\boldsymbol{C}_{31}$）	—	—	0.5396	—	—	0.2258
投资回收期（$\boldsymbol{C}_{32}$）	—	—	0.2969	—	—	0.1243
国民经济效益（$\boldsymbol{C}_{33}$）	—	—	0.1635	—	—	0.0684

续表

A	q_1	q_2	q_3	q_4	q_2	层次总排序
	0. 2625	0. 16	0. 4185	0. 0618	0. 0972	
缓解能源压力（C_{41}）	—	—	—	0. 6144	—	0. 0380
带动相关产业（C_{42}）	—	—	—	0. 2684	—	0. 0166
促进社会稳定（C_{43}）	—	—	—	0. 1172	—	0. 0072
空气质量（C_{51}）	—	—	—	—	0. 528	0. 513
环境保护（C_{52}）	—	—	—	—	0. 333	0. 3232
噪音环境改善（C_{53}）	—	—	—	—	0. 14	0. 1357
评价结论	$CR_{总}=0.040796<0.1$ 总排序满足一致性检验					

5. 3. 2. 3 单因素模糊综合评价

单因素模糊综合评价主要包括以下几部分：

（1）确定评价等级和相应尺度。设定评价论域集 D =（非常成功，较成功，基本成功，不成功，失败），并设定相应的评价尺度集为

$$S=(e_1, e_2, e_3, e_4, e_5)=(1.0, 0.8, 0.6, 0.4, 0.2)$$

（2）总层次排序及一致性检验。由 10 人组成的评价小组来确定评价，由评价小组分别评定该项目节能减排各指标上的得分，其中评价结果见表5 – 17。

表 5 – 17　指标评价值

准则层指标（B）	指标层指标	指标层指标权重（w）	评价尺度				
			1. 0	0. 8	0. 6	0. 4	0. 2
节能减排（0. 2625）	能源消耗节约	0. 5133	5	4	1	0	0
	投资节能水平	0. 2970	6	3	1	0	0
	投资减排水平	0. 1312	5	3	2	0	0
	能源综合利用	0. 0585	3	7	0	0	0

续表

准则层指标（**B**）	指标层指标	指标层指标权重（**w**）	评价尺度				
			1.0	0.8	0.6	0.4	0.2
目标可持续（0.1600）	目标可持续性	0.6370	6	4	0	0	0
	项目效果可持续	0.2583	5	5	0	0	0
	经营管理可持续	0.1047	7	3	0	0	0
经济效益（0.4185）	内部收益率	0.5396	8	2	0	0	0
	投资回收期	0.2969	1	2	4	2	1
	国民经济效益	0.1635	4	5	1	0	0
社会效益（0.0618）	缓解能源压力	0.6144	5	5	0	0	0
	带动相关产业	0.2684	8	2	0	0	0
	促进社会稳定	0.1172	5	5	0	0	0
环境效益（0.0972）	空气质量	0.528	7	3	0	0	0
	环境保护	0.333	6	4	0	0	0
	噪音环境改善	0.14	8	2	0	0	0

（3）模糊关系矩阵。已知节能减排 $\boldsymbol{B}_1$ 的模糊指标权重 $\boldsymbol{w}_1$ 为

$$\boldsymbol{w}_1 = (0.5133, 0.2970, 0.1312, 0.0585)$$

根据专家组对评价因素“节能减排 $\boldsymbol{B}_1$”进行单因素评价得评价矩阵 $\boldsymbol{R}_1$ 为

$$\boldsymbol{R}_1 = \begin{pmatrix} 5 & 4 & 1 & 0 & 0 \\ 6 & 3 & 1 & 0 & 0 \\ 5 & 3 & 2 & 0 & 0 \\ 3 & 7 & 6 & 0 & 0 \end{pmatrix} \tag{5-24}$$

采用统计频数法计算评价对象因素子集 $\boldsymbol{R}_1$ 在评语论域上的隶属度，得到模糊评价关系矩阵 $\boldsymbol{X}_{B_1}$ 为

$$X_{B_1}=\begin{pmatrix}0.5&0.4&0.1&0&0\\0.6&0.3&0.1&0&0\\0.5&0.3&0.2&0&0\\0.3&0.7&0.6&0&0\end{pmatrix}\tag{5-25}$$

则由节能减排 $\boldsymbol{B}_1$ 的模糊指标权重 $\boldsymbol{W}_1$ 和模糊关系矩阵 $\boldsymbol{X}_{B_1}$ 求得模糊评价结果向量 $\boldsymbol{y}_1$ 为

$$\boldsymbol{y}_1=\boldsymbol{W}_{B_1}\boldsymbol{X}_{B_1}=\begin{pmatrix}0.5133\\0.2970\\0.1312\\0.0585\end{pmatrix}^{\mathrm{T}}\begin{pmatrix}0.5&0.4&0.1&0&0\\0.6&0.3&0.1&0&0\\0.5&0.3&0.2&0&0\\0.3&0.7&0.6&0&0\end{pmatrix}$$

$$=(0.5180,0.3747,0.1073,0,0)$$

即节能减排 $\boldsymbol{B}_1$ 单因素综合评价在评语论域上的隶属度为

$$\boldsymbol{y}_1=(0.5180,0.3747,0.1073,0,0)$$

根据评价等级分 $\boldsymbol{S}=(e_1,e_2,e_3,e_4,e_5)=(1.0,0.8,0.6,0.4,0.2)$ 可知，节能减排 $\boldsymbol{B}_1$ 模糊综合评价值 f_1 为

$$f_1=\boldsymbol{y}_1\boldsymbol{S}^{\mathrm{T}}=(0.5180,0.3747,0.1073,0,0)\begin{pmatrix}1.0\\0.8\\0.6\\0.4\\0.2\end{pmatrix}=0.8821$$

即节能减排 $\boldsymbol{B}_1$ 模糊综合评价的值为 $f_1=0.8821$ 。

同理，可以计算出目标可持续 $\boldsymbol{B}_2$ 单因素模糊综合评价为

$$\boldsymbol{y}_2=\boldsymbol{W}_{B_2}\boldsymbol{X}_{B_2}=\begin{pmatrix}0.6370\\0.2583\\0.1047\end{pmatrix}^{\mathrm{T}}\begin{pmatrix}0.6&0.4&0&0&0\\0.5&0.5&0&0&0\\0.7&0.3&0&0&0\end{pmatrix}$$

$$=(0.5846,0.4154,0,0,0)$$

$$f_2 = \boldsymbol{y}_2\boldsymbol{S}^{\mathrm{T}} = (0.5846, 0.4154, 0, 0, 0)\begin{pmatrix}1.0\\0.8\\0.6\\0.4\\0.2\end{pmatrix} = 0.9149$$

经济效益 $\boldsymbol{B}_3$ 单因素模糊综合评价为

$$\boldsymbol{y}_3 = \boldsymbol{W}_{\boldsymbol{B}_3}\boldsymbol{X}_{\boldsymbol{B}_3} = \begin{pmatrix}0.5396\\0.2969\\0.1635\end{pmatrix}^{\mathrm{T}}\begin{pmatrix}0.8 & 0.2 & 0 & 0 & 0\\0.1 & 0.2 & 0.4 & 0.2 & 0.1\\0.4 & 0.5 & 0.1 & 0 & 0\end{pmatrix}$$
$$= (0.5268, 0.2490, 0.1351, 0.0594, 0.0297)$$

$$f_3 = \boldsymbol{y}_3\boldsymbol{S}^{\mathrm{T}} = (0.5268, 0.2490, 0.1351, 0.0594, 0.0297)\begin{pmatrix}1.0\\0.8\\0.6\\0.4\\0.2\end{pmatrix} = 0.8368$$

社会效益 $\boldsymbol{B}_4$ 单因素模糊综合评价为

$$\boldsymbol{y}_4 = \boldsymbol{W}_{\boldsymbol{B}_4}\boldsymbol{X}_{\boldsymbol{B}_4} = \begin{pmatrix}0.6144\\0.2684\\0.1172\end{pmatrix}^{\mathrm{T}}\begin{pmatrix}0.5 & 0.5 & 0 & 0 & 0\\0.8 & 0.2 & 0 & 0 & 0\\0.5 & 0.5 & 0 & 0 & 0\end{pmatrix}$$
$$= (0.5805, 0.4195, 0, 0, 0)$$

$$f_4 = \boldsymbol{y}_4\boldsymbol{S}^{\mathrm{T}} = (0.5805, 0.4195, 0, 0, 0)\begin{pmatrix}1.0\\0.8\\0.6\\0.4\\0.2\end{pmatrix} = 0.9161$$

社会效益 $\boldsymbol{B}_5$ 单因素模糊综合评价为

$$y_5 = W_{B_5}X_{B_5} = \begin{pmatrix} 0.528 \\ 0.333 \\ 0.14 \end{pmatrix}^{\mathrm{T}} \begin{pmatrix} 0.7 & 0.3 & 0 & 0 & 0 \\ 0.6 & 0.4 & 0 & 0 & 0 \\ 0.8 & 0.2 & 0 & 0 & 0 \end{pmatrix}$$

$$= (0.7134, 0.3226, 0, 0, 0)$$

$$f_5 = y_5 S^{\mathrm{T}} = (0.7134, 0.3226, 0, 0, 0) \begin{pmatrix} 1.0 \\ 0.8 \\ 0.6 \\ 0.4 \\ 0.2 \end{pmatrix} = 0.9714$$

5.3.2.4 DL 水泥有限公司节能技术改造项目模糊综合总评价

由于已知因素子集模糊评价结果向量 y_1，y_2，y_3，y_4，y_5 和 Q_A，则将因素子集模糊评价结果向量合成的模糊总评价关系矩阵 Y 为

$$Y = \begin{pmatrix} y_1 \\ y_2 \\ y_3 \\ y_4 \\ y_5 \end{pmatrix} = \begin{pmatrix} 0.5358 & 0.3437 & 0.1205 & 0 & 0 \\ 0.5767 & 0.4233 & 0 & 0 & 0 \\ 0.4362 & 0.3011 & 0.1736 & 0.0594 & 0.0297 \\ 0.6011 & 0.3989 & 0 & 0 & 0 \end{pmatrix}$$

$$Q_A = (0.2625, 0.1600, 0.4185, 0.0618, 0.0972)$$

对目标层进行综合评价为

$$F = \begin{pmatrix} 0.3159 \\ 0.2642 \\ 0.1998 \\ 0.2201 \end{pmatrix}^{\mathrm{T}} \begin{pmatrix} 0.5358 & 0.3437 & 0.1205 & 0 & 0 \\ 0.5767 & 0.4233 & 0 & 0 & 0 \\ 0.4362 & 0.3011 & 0.1736 & 0.0594 & 0.0297 \\ 0.6011 & 0.3989 & 0 & 0 & 0 \end{pmatrix}$$

$$= (0.5411, 0.3684, 0.0728, 0.0119, 0.0059)$$

综合评价结果为

$$Z = (0.5411, 0.3684, 0.0728, 0.0119, 0.0059)\begin{pmatrix}1.0\\0.8\\0.6\\0.4\\0.2\end{pmatrix} = 0.8854$$

5.3.3 DL 水泥有限公司节能减排项目后评价结论

参照评价尺度集，对 DL 水泥有限公司节能技术改造项目各因素子集的评价结果如下：

（1）节能减排评价，$f_1=0.8821$，评价结果介于“较成功”和“非常成功”之间，较倾向于非常成功，项目节能减排效果良好，有效降低了能源消耗量。

（2）目标可持续评价，$f_2=0.9149$，评价结果处于“非常成功”，项目运营持续性具有潜力，运营机制良好。

（3）经济效益评价 $f_3=0.8368$，评价结果介于“较成功”和“非常成功”之间，较倾向于成功，项目经济效益客观，获利水平较好。

（4）社会影响评价 $f_4=0.9161$，评价结果处于“非常成功”，项目建设在缓解能源危机取得了很好的效果。

（5）环境保护评价 $f_5=0.9714$，评价结果处于“非常成功”，项目建设成功实施，降低了企业对空气的污染程度。

DL 水泥有限公司节能技术改造项目的综合总评价结果 0.8854，根据评价尺度比较，介于“较成功”和“非常成功”之间，说明该项目具有比较高的成功度。

第6章　结论与展望

6.1 结论

6.1.1 河南省能源安全评价与预测

本书以河南省为样本，选取能源使用，经济发展，环境保护相关的指标，构建评价和预测模型，选取所需数据，对河南省1996—2017年的能源安全进行评价，并在此基础上对“十三五”的能源安全情况进行预测。

总体来说，河南省在过去的22年中能源安全处于下降态势，说明从1996—2017年的经济发展区间内，经济的增长、人口数量的增长和环境的影响对河南省能源安全影响比较大程度，能源安全趋于下降。

在未来河南省能源安全程度会有所上升。这说明随着能源安全问题越来越受到重视，节能减排，低碳经济的运行，政府环境保护政策，环境污染治理，河南省能源安全程度有所提升。

在上述结论的基础上，针对河南省能源资源及管理体制的具体情况，提出了以下对策和建议：一是逐渐完善能源安全储备体系；二是积极开发新能源和可再生能源，促进能源供应结构多元化；三是提高能源利用效率，避免浪费；四是加快产业结构升级，调整能源消费；五是提高人口素质，增强节能意识；六是节能减排，发展低碳经济，减少环境污染。

6.1.2 中国省域碳排放强度的空间计量研究

本书立足于测算出来的中国省域碳排放强度2000—2015年的面板数据，从空间相关性的衡量和影响因素的分析两个方面来对碳排放强度进行探索性研究，得到了一定意义的结论，具体如下：

（1）从时间演进上来看，碳排放强度整体呈下降趋势，从空间地理模拟的结果来看，中国省域碳排放强度呈现出水平相近的省份趋于相邻的现象，且处于低碳排放强度水平的省份明显增多。接着从全局空间自相关结果来看，2000—2015 年间的 Moran's I 指数值为正，且 2000 年到 2006 年逐年增长，2008 年以后逐渐趋于稳定，表现出明显的空间相关性。对中国省域 2000 年、2005 年、2010 年和 2015 年的碳排放强度数据进行局域空间自相关行检验，Moran's I 指数散点图显示中国省域碳排放强度呈现出明显的空间集聚特征，并且其集聚特征正在往 L-L 模式发展，空间差异性正在改善。通过本书对碳排放强度的实证分析，多个角度均证明了在对中国省域碳排放强度进行计量的过程中应该计入空间效应，采用空间计量模型可以更好地对中国碳排放强度的影响因素进行分析。

（2）通过 LM 检验和 Wald 检验，本书选择空间滞后模型（SLM）为本书的最优模型，模型回归的结果显示：能源结构、能源强度、城镇化率和经济发展水平对碳排放强度的提高有明显的促进作用，且能源强度和能源结构估计系数较高，属于主要影响因素，且溢出作用明显；而技术水平、外商直接投资和对外开放水平的回归结果均通过了 1% 的显著性检验，且估计系数为负，抑制碳排放强度的增长，合理控制这类指标，并有导向性地增加其溢出效应，扩大对周围省份降低碳排放强度的促进作用，将更有利于碳强度目标的实现；但产业结构对碳排放强度的回归结果并不显著。

在上述结论的基础上，本书针对性地提出如下几条中国省域碳排放的政策建议：

（1）控制能源使用，提高发展质量。

（2）优化三产结构，发展环保事业。

（3）鼓励科技研究，创新环保技术。

（4）提升外资引进，优化进出口贸易。

6.1.3 建筑材料行业节能减排项目后评价

本书在深入分析国内外相关理论的基础上，运用层次分析法的基本原理建立了建筑材料行业节能项目后评价的指标体系，建立了建筑材料行业节能项目后评价的模糊综合评价模型。本评价模型是以建筑材料行业节能减排项目为研究对象，适用于建筑材料行业的节能技改工程、废弃物处理、污染防治等工程。

基于层次分析法的原理，通过翻阅大量文献，拟定初步指标体系，并咨询相关行业专家进行修正，确定了建材行业节能后评价“节能减排”“目标可持续”“经济效益”“社会效益”“环境效益”5个评价准则层，并在每个准则层下设置若干指标，指标的选定可根据项目的特点进行选择。按照“1～9标度法”，通过咨询相关行业专家对评价指标进行打分排序，对评价指标进行赋权。

本书在建立的指标体系的基础上，设定分层评价尺度，运用成功度法对评价对象在单指标的的成功度进行打分，量化定性评价结果，建立评价单因素模糊关系矩阵。对单因素模糊关系矩阵和指标权向量进行合成计算，求得单因素模糊评价隶属向量。对各单因素的模糊评价隶属向量与目标层模糊权向量进行合成即可获得目标层综合评价隶属向量。

根据取得的综合评价隶属向量可采用最大隶属度法或设置评价分布尺度等进行综合评价。

6.2 展望

能源是战略资源，具有战略性和基础性的地位，能源安全牵动着其他五大国家的命脉，直接关系到国家安全，因此能源因素成为制约世界各国经济持续发展的主要因素。在全球气候变暖、世界能源危机的时代背景下，能源安全、能源消费、污染物排放问题成为各国学者研究的热点。本书利用多元统计、空间计量、模糊评价等方法系统地研究了能源安全、污染物排放、节能减排项目后评价等问题，拓展了研究视角，深化了研究主题，扩展了研究方法，具有一定的创新性，但受研究能力、研究工具、研究数据所限，本书存在一些不足之处，有待未来进一步完善。

（1）研究指标有待扩展。在能源安全研究方面，本书从供应因素、经济因素、人口因素、环境因素4个方面，选取了13个指标构建了能源安全指标体系，由于能源信息披露的较少，研究的样本指标比较少，导致能源供应方面的指标不够全面、环境指标中缺少温室气体的指标等问题；在碳排放研究方面，本书从规模效应、技术效应和结构效应的角度选择了经济发展水平、能源结构、能源强度、产业结构、专利授权数，另外又结合社会发展背景，考虑了城镇化率、外商直接投资和对外开放水平为自变量，建立空间面板模型，取得了一定成果，但受数据收集难度的限制，影响因素的选取较少，不能全面阐述碳排放强度的影响因素，今后随着相关数据不断公布，尽可能地将更多的因素纳入模型中，从而得到更加合理的结论。

（2）测算方法有待深化。本书采用8种化石能源的消费量来估算碳排放总量，但实际上工业生产过程、土地、森林等都会产生碳排放，而且数据的收集和整理过程中也难免使获得的数据产生误差，未来研究中应进一步对更加科学准确的测算方法进行研究和探索。

参考文献

[1] Mason Willrich. Energy & World Politics [M]. Free Press, 1975.

[2] White, Joseph. Chamber Attempts to Put a Number on Energy Security. [J]. Wall Street Journal – Eastern Edition, 2010, 255(120): 122 – 148.

[3] D. Von Hippel. Energy Security Analysis, A ew Framework, A Newsletter of the Community for Energy [J]. Environment and Development, 2004(12): 4 – 7.

[4] T. L. Sankar, Hilal A. RazaDirector, Abul Barka. Regional energy security for south Asia, Afghanistan Bangladesh Bhutan Indiamaldives Nepal Paksitan SriLanka [M]. London: Cambridge University Press, 2006: 5 – 19.

[5] Mikko Palonkorpi. Energy Security and the Regional Security Complex theory [J]. The Energy Security Complex, 2007: 1 – 19.

[6] Friedman M. regional energy intergration in Lation America and Caribbean [M]. Chicago: University of Chicaco Press, 2008: 56 – 71.

[7] Merle Maigre. Energy Security Concerns of the Baltic States [J]. International Centre for Defence Studies , 2010, (3): 16 – 24.

[8] Phinyada Atchatavivan. ASEAN Energy Cooperation: An Opportunity for Regional Sustainable [J]. Energy Development, 2012, (6): 21 – 46.

[9] Frank Umbach. Global energy security and the implications for the EU [J]. Energy Policy, 2009(3): 1229 – 1240.

[10] Daniel Yergin. Ensuring Energy Security [J]. foreign affairs, 2006(4): 69 – 82.

[11] Meuer J, Rupietta C. world energy outlook 2002 [M]. London: UCLP Press, 2001: 134 – 158.

[12] John V. Mitchell, Peter Beck, Michael Grubb, The new geopolitics of ener-

gy, Royal Institute of International Affairs, Energy and Environmental Programme, 1996.

[13] Klare, Michael T. The New Geopolitics of Energy [J]. Bulatlat, 2008, 13: 160 – 188.

[14] Diana GallegoCarrera, Al expander Mack. Sustainability Assessment of Energy Technologies Via Social Indicators: Results of a Survey Among European Energy Experts [J]. Energy Policy, 2010(38): 1030 – 1039.

[15] 吴初国，刘增洁，崔荣国. 能源安全状况的定量评价方法 [J]. 国土资源情报，2011：40 – 44.

[16] 房树琼，杨保安，余垠. 国家能源安全评价指标体系之构建 [J]. 中国国情国力，2008：32 – 36.

[17] 郭金栋，王恩元. 煤炭能源安全测度指标体系与综合评价 [J]. 中国安全科学学报，2010 (11)：112 – 118.

[18] 常军乾，雷涯邻. 中国能源安全评价体系及对策研究 [D]. 北京：中国地质大学，2010.

[19] 付 峰，张鹤丹，王 悍，等. 中国城市能源安全指标体系研究 [J]. 研究与探讨，2006 (4)：39 – 43.

[20] 张生玲. 中国的能源安全与评估 [J]. 中国人口资源与环境，2007 (7)：101 – 104.

[21] 张丽峰. 中国能源供求预测模型及发展对策研究 [D]. 北京：首都经济贸易大学. 2006.

[22] 张德胜. 中国石油经济安全评价指标体系设计的研究 [D]. 北京：北京化工大学. 2008.

[23] 迟春洁，黎永亮. 能源安全影响因素及测度指标体系的初步研究 [J]. 哈尔滨工业大学学报（社会科学版），2004 (7)：80 – 84.

[24] 胡颖铭. 中国能源安全保障的国内法律问题初探：资源节约型、环境友好型社会建设与环境资源法的热点问题研究 [J]. 2006 年全国环境资源法学研讨会论文集（二），2006.

[25] 何平、詹存卫. 中国能源利用的环境安全及其评价研究 [J]. 中国

人口资源与环境，2005：32－37.

[26] 郭震. 中国石油安全评价体系研究 [D]. 北京：中国石油大学（华东），2008.

[27] 董璐璐. 基于可持续发展的中国石油安全与评价研究 [D]. 北京：中国石油大学（华东），2009.

[28] 何贤杰，盛昌明，王峰. 中国能源安全形势评价战略选择及对策建议 [J]. 中国国土资源经济，2011（6）：13－16.

[29] 付瑶. 中国能源安全现状与对策 [J]. 合作科技与经济，2007：69－70.

[30] 张明慧，李永峰. 技术进步与中国能源消费关系研究 [J]. 山西财经大学学报，2005：91－98.

[31] 孙天晴，马宪国. 城市能源安全指标体系评价模型实证研究 [J]. 生态经济. 能源经济，2007（10）：64－67.

[32] 张琳，何炼成. 中国区域能源消费与经济增长——基于省际面板数据协整模型的实证分析 [J]. 江海学刊，2010（1）：79－85.

[33] 沈镭，刘立涛，张艳. 区域能源安全复杂性的理论分析框架与实证研究 [J]. 研究与探讨，2010（11）：30－36.

[34] 周婧，贺晟晨，王远，等. 基于SD方法的苏州市经济—能源—环境系统模拟研究根法 [J]. 能源环境保护，2011：10－14.

[35] 王雪珍. 基于网络层次分析法的上海能源安全评价指标体系的研究 [D]. 上海：上海大学. 2008.

[36] 王忠诚，李宁，李春华，等. 基于因子分析方法的江苏省能源安全系统评价 [J]. 中国农学通报，2011：200－207.

[37] 王默玉，魏佳，申晓留. 基于层次分析法的北京市能源安全研究与分析 [J]. 应用能源技术，2010（7）：7－11.

[38] 张艳，张德会. 中国东部沿海区域能源安全评价及保障路径设计 [D]. 北京：中国地质大学，2011.

[39] 孙天晴，郑一，王昊，等. 中国城市能源系统可持续性评价体系实证研究 [J]. 中国人口资源与环境，2010：1－6.

[40] 付林，郑忠海，江亿，等. 基于动态和空间分布的城市能源规划方法 [J]. 城市发展研究，2008 (S1)：146 – 149.

[41] 张明慧，李永峰，高松洁. 中国能源管理体制与能源产业发展的理性思考 [J]. 能源技术与管理，2005：67 – 69.

[42] Leontief W., Ford D. Air Pollution and the Economic Structure: Empirical Results of Input – output Computations [A]. Paper Presented at Fifth International Conference on Input – Output Techniques [C], January, Geneva, Switzerland, 1971.

[43] Gould B W, Kulshreshtha S N. An interindustry analysis of structural change and energy use linkages in the Saskatchewan economy [J]. Energy Economics, 1986, 8: 186 – 196.

[44] Gowdy M J, Miller J L. Technological and demand change in energy use: an input – output analysis [J]. Environment and Planning, 1987, 19: 1387 – 1398.

[45] Mukhopahyay K., Chakraborty D. India's Energy Consumption Changes during 1973 – 1974 to 1991 – 1992 [J]. Economics Systems Research, 1999, 11(4): 423 – 438.

[46] Michiel de Noojj, Ren van der Kruk, Daan P Van Soest. International Comparisons of Domestic Energy Consumption [J]. Energy Econmics, 2003, 25: 359 – 373.

[47] Lin X., Polenske K. D. Input – output Anatomy of China's Energy Use Changes in the 1980s [J]. Economic Systems Research, 1995, 7(1): 67 – 84.

[48] Garbaccio R. F., Ho M. S., Jorgenson D. W. Why Has the Energy – output Ratio Fallen in China? [J]. The Energy Journal, 1999, 20(3): 63 – 92.

[49] Zhang Y G. Structural decomposition analysis of sources of decarbonizing economic development in China: 1992 – 2006 [J]. Ecological Economics, 2009, 68: 2399 – 2405.

[50] Zhang Y G. Supply – side structural effect on carbon emissions in China

[J]. Energy Economics, 2010, 32: 186 - 193.

[51] Dietzenbacher E, Los B. Structural Decomposition Techniques: Sense and Sensitivity [J]. Economic Systems Research, 1998, 10: 307 - 323.

[52] Peng Y, Shi C. Determinants of Carbon Emissions Growth in China: A Structural Decomposition Analysis [J]. Energy Procedia, 2011, 5: 169 - 175.

[53] Xia Y, Yang C H, Chen X K. Structural decomposition analysis on China's energy intensity Change for 1987 - 2005 [J]. Journal of Systems Science and Complexity, 2012, 15: 156 - 166.

[54] B. W. Ang, F. L. Liu, Hyun - Sik Chung. A Generalized Fisher Index Approach to Energy Decomposition Analysis [J]. Energy Economics, 2004, 26: 757 - 763.

[55] 李国璋，王双. 区域能源强度变动：基于 GFI 的因素分解分析 [J]. 中国人口·资源与环境，2008 (4)：62 - 66.

[56] 方伟成，孙成访，周新萍. 基于 GFI 模型广东能源消费变动的因素分解分析 [J]. 东莞理工学院学报，2013 (5)：80 - 85.

[57] 范丹，王维国. 中国产业能源消费碳排放变化的因素分解——基于广义 GFI 的指数分解 [J]. 系统工程，2012 (11)：48 - 54.

[58] Ang B W. Decomposition of industrial energy consumption: the energy intensity approach [J]. Energy Economics, 1994, 16 (3): 163 - 174.

[59] Ang B W. Decomposition analysis for policymaking in energy: which is the preferred method [J]. Energy Policy, 2004, 32: 1131 - 1139.

[60] Ang B W. The LMDI approach to decomposition analysis: a practical guide [J]. Energy Policy, 2005, 33: 867 - 871.

[61] Zhang Z. Why Did the Intensity Fall in China's Industrial Sector in the 1990s? The Relative Importance of Structural Change and Intensity Change [J]. Energy Economics, 2003, 25: 625 - 638.

[62] Ma C B, Stem D I. China's Changing Energy Intensity Trend: A Decomposition Analysis [J]. Energy Economics, 2008, 30: 1037 - 1053.

[63] Hatzigeorgiou E, Polatidis H, Haralambopoulos D. CO_2 emissions in Greece for 1990—2002 [J]. Energy, 2008. 33 (3): 492 - 499.

[64] Fisher - Vanden K F, Jefferson G H, Liu H, Tao Q. What is driving China's decline in energy intensity? [J]. Resource and Energy Economics, 2004, 26: 77 - 97.

[65] Achão C, Schaeffer R. Decomposition analysis of the variations in residential electricity consumption in Brazil for the 1980—2007 period: Measuring the activity, intensity and structure effects [J]. Energy Policy, 2009, 37: 5208 - 5220.

[66] Zhang M, Li H N, Zhou M, Mu HL. Decomposition analysis of energy consumption in Chinese transportation sector [J]. Applied Energy, 2011, 88: 2279 - 2285.

[67] Zhao X L, Li N, Ma C B. Residential energy consumption in urban China: A decomposition analysis [J]. Energy Policy, 2012, 41: 644 - 653.

[68] Wang Can, Chen Jining, Zou Ji. Decomposition of Energy - related CO_2 Emission in China: 1957—2000 [J]. Energy, 2005, (30): 73 - 83.

[69] Ma, C & D I Stern. China's Carbon Emissions 1971—2003 [R]. Rensselaer Working Papers in Economics, Number 0706, 2007.

[70] 徐国泉，刘则渊，姜照华. 中国碳排放的因素分解模型及实证分析：1995—2004 [J]. 中国人口·资源与环境，2006，16（6）：158 - 161.

[71] 刘红光，刘卫东. 中国工业燃烧能源导致碳排放的因素分解 [J]. 地理科学进展，2009，28（2）：285 - 292.

[72] 宋德勇，卢忠宝. 中国碳排放影响因素分解及其周期性波动研究. [J]. 中国人口·资源与环境. 2009，（3）：18 - 25.

[73] 郑慕强. 东盟五国能源消费与碳排放因素分解分析 [J]. 经济问题探索. 2012，（2）：145 - 151.

[74] 邓聚龙. 灰色控制系统 [J]. 华中工学院学报，1982（3）：9 - 18.

[75] 尹春华，顾培亮. 中国产业结构的调整与能源消费的灰色关联分

析［J］. 天津大学学报，2003（1）：104－107.

［76］樊艳云，陈首丽. 北京产业结构调整与能源消费的灰色关联分析［J］. 山西财经大学学报，2010（S1）：92－93.

［77］张路蓬，苏屹，刘晓静. 基于灰色关联的能源消耗与产业结构调整分析［J］. 统计与决策，2011（15）：122－125.

［78］曹昶，樊重俊. 上海市碳排放影响因素的灰色关联分析与预测［J］. 上海理工大学学报，2013（5）：484－488.

［79］Wang Yongzhe, Ma Liping. The Relevant Influencing Factors Analy－sis and Prediction of Carbon Emissions in Beijing［J］. International Journal of Earth Sciences and Engineering, 2014, 7(6): 2482－2488.

［80］王永哲，马立平. 吉林省能源消费碳排放相关影响因素分析及预测——基于灰色关联分析和 GM（1,1）模型［J］. 生态经济，2016（11）：65－70.

［81］李力，洪雪飞. 能源碳排放与环境污染空间效应研究——基于能源强度与技术进步视角的空间杜宾计量模型［J］. 工业技术经济，2017，36（9）：65－72.

［82］Kim In Hyun, Oh Kyu Shik, Jung Seung Hyun. Carbon Emission Model Development using Urban Planning Criteria － Focusing on the Case of Seoul[J]. Spatial Information Research, 2011, 19(6): 923－948

［83］Cheng Ye qing . Spatio temporal dynamics of carbon intensity from energy consumption in China［J］. Journal of Geographical Sciences, 2014, 24(4): 631－650.

［84］吴玉鸣，吕佩蕾. 空间效应视角下中国省域碳排放总量的驱动因素分析［J］. 桂海论丛，2013（1）：40－45.

［85］马军杰，陈震，尤建新. 省域一次能源 CO_2 排放的空间计量经济分析［J］. 技术经济，2010，29（12）：62－67.

［86］Ramajo, J, M. A. Ma'rquez, G. J. D. Hewings, M. M. Salinas. Spatial Hete－rogeneity and Interregional Spillovers in the European Union: Do Cohesion Po－licies Encourage Convergence Across Regions［J］. European Economic Review, 2007, (52): 551 – 567.

[87] Wyckoff A W , Roop J M . The embodiment of carbon in imports of manufactured products : Implications for international agreements on greenhouse gas emissions[J]. Energy Policy, 1994, 22(3): 187 – 194

[88] Ahmad N, Wyckoff A. Carbon Dioxide Emissions Embodied in International Trade of Goods[J]. OECD ence, Technology and Industry Working Papers, 2003, 25(4): 1 – 22

[89] Jesper Munksgaard, Klaus Alsted Pedersen, Mette Wier. Erratum to "Impact of household consumption on CO_2, emissions": Energy Econ. 22 (2000) 423 – 440 [J]. Energy Economics, 2001, 23(1): 119 – 119.

[90] 周新. 国际贸易中的隐含碳排放核算及贸易调整后的国家温室气体排放 [J]. 管理评论, 2010, 22 (6): 17 – 24.

[91] 马述忠, 陈颖. 进出口贸易对中国隐含碳排放量的影响: 2000—2009 年——基于国内消费视角的单区域投入产出模型分析 [J]. 财贸经济, 2010 (12): 82 – 89.

[92] Ang B W, Zhang F Q, Choi K H. Factorizing changes in energy and environmental indicators through decomposition [J]. Energy, 1998, 2(6): 489 – 495.

[93] Liu L, FanY, Wu G, Wei Y. Using LMDI method to analyze the chang of China's industrial CO_2 emissions from final fuel use an emoirical analysis [J]. Energy Policy, 2007, 35(11): 5892—5900.

[94] 徐国泉, 刘则渊, 姜照华. 中国碳排放的因素分解模型及实证分析: 1995—2004 [J]. 中国人口: 资源与环境, 2006, 16 (6): 158 – 161.

[95] 孙建卫, 赵荣钦, 黄贤金, 等. 1995—2005 年中国碳排放核算及其因素分解研究 [J]. 自然资源学报, 2010 (8): 1284 – 1295.

[96] 丁胜, 温作民. 长三角地区碳排放影响因素分析——基于 IPAT 改进模型 [J]. 技术经济与管理研究, 2014 (9): 106 – 109.

[97] 宋晓晖, 张裕芬, 汪艺梅, 等. 基于 IPAT 扩展模型分析人口因素对碳排放的影响 [J]. 环境科学研究, 2012, 25 (1): 109 – 115.

[98] 肖宏伟，易丹辉，张亚雄. 中国区域碳排放空间计量研究 [J]. 经济与管理，2013，v. 27；No. 235 (12)：53 -62.

[99] 秦军，唐慕尧. 基于 Kaya 恒等式的江苏省碳排放影响因素研究 [J]. 生态经济，2014，30 (11).

[100] 刘华军，赵浩. 中国二氧化碳排放强度的地区差异分析 [J]. 统计研究，2012，29 (6)：46 -50.

[101] 孙耀华，仲伟周，庆东瑞. 基于 Theil 指数的中国省际间碳排放强度差异分析 [J]. 财贸研究，2012，23 (3)：1 -7.

[102] 岳超，胡雪洋，贺灿飞，等. 1995—2007 年中国省区碳排放及碳强度的分析——碳排放与社会发展Ⅲ [J]. 北京大学学报（自然科学版），2010，46 (4)：510 -516.

[103] 潘家华，张丽峰. 中国碳生产率区域差异性研究 [J]. 中国工业经济，2011 (5)：47 -57.

[104] Clarke - Sather A, Qu J, Qin W, et al. Carbon inequality at the sub - national scale: A case study of provincial - level inequality in CO_2 emissions in China 1997—2007 [J]. Energy Policy, 2011, 39(9): 5420 -5428.

[105] 胡渊,刘桂春,孔祥镇，等. 中国碳排放强度的时空差异分析 [J]. 资源与产业，2016，18 (2)：67 -75.

[106] Leya Wu, Weihua Zeng. Research on the contribution of structure adjustment on carbon dioxide emissions reduction based on LMDI method [J]. Procedia Computer Science, 2013, 17: 744 -751.

[107] 李健，周慧. 中国碳排放强度与产业结构的关联分析 [J]. 中国人口：资源与环境，2012，22 (1)：7 -14.

[108] 朱聆，张真. 上海市碳排放强度的影响因素解析 [J]. 环境科学研究，2011，24 (1)：20 -26.

[109] 刘广为，赵涛. 中国碳排放强度影响因素的动态效应分析 [J]. 资源科学，2012，34 (11)：2106 -2114.

[110] 王韶华，于维洋，张伟. 基于 IIPAT 模型的中国低碳情景分析 [J]. 生态经济（中文版），2014，30 (4)：19 -23.

[111] 刘殿海，杨勇平，杨昆，等. 基于马尔科夫链的能源结构与污染物排放预测模型及其应用[J]. 中国电力，2006，39（3）：8－13.

[112] 胡渊，刘桂春，胡伟. 中国能源碳排放与GDP的关系及其动态演变机制——基于脱钩与自组织理论的实证研究［J］. 资源开发与市场，2015，31（11）：1358－1362.

[113] 李虹，娄雯. 二氧化碳排放强度预测与“十三五”减排路径分析——基于STIRPAT模型的构建［J］. 科技管理研究，2016，36（5）：233－240.

[114] 赵桂梅，陈丽珍，孙立成，等. 空间分异视角下中国碳排放强度的Markov稳态预测［J］. 科技管理研究，2017，37（22）：228－233.

[115] 赵成柏，毛春梅. 基于ARIMA和BP神经网络组合模型的中国碳排放强度预测［J］. 长江流域资源与环境，2012，21（6）：665－671.

[116] Blanford G J, Richels R G, Rutherford T F. Revised Emissions Growth Projections for China: Why Post Kyoto Climate Policy Must Look East [J]. Project on International Climate Agreements, 2008.

[117] 岳超，王少鹏，朱江玲，等. 2050年中国碳排放量的情景预测——碳排放与社会发展Ⅳ［J］. 北京大学学报（自然科学版），2010，46（4）：517－524.

[118] 冯彦，祝凌云，张大红. 中国产业结构调整对碳强度影响的空间计量研究［J］. 软科学，2017，31（7）：11－15.

[119] 付云鹏，马树才，宋琪. 中国区域碳排放强度的空间计量分析［J］. 统计研究，2015，32（6）：67－73.

[120] 冯宗宪，王凯莹. 中国省域碳强度集群的空间统计分析［J］. 资源科学，2014，36（7）：1462－1468.

[121] 邵燕斐，王小斌. 中国省域碳强度驱动因素研究——基于空间计量模型［J］. 技术经济与管理研究，2015（3）：109－113.

[122] 张翠菊，覃明锋. 基于时间序列数据的中国碳排放强度影响因素协整分析［J］. 生态经济（中文版），2017，33（3）：53－56.

[123] Barbier, Edward B. The Concept of Sustainable Economic Development

[J]. Environmental Conservation, 1987, 14(02): 101 - 110.

[124] 邓晓兰，鄢哲明，武永义. 碳排放与经济发展服从倒 U 型曲线关系吗——对环境库兹涅茨曲线假说的重新解读 [J]. 财贸经济，2014 (2)：19 - 29.

[125] 谢守红，薛红芳，邵珠龙. 中国碳排放的区域差异及其与经济增长的关联分析 [J]. 生态与农村环境学报，2013，29 (4)：443 - 448.

[126] 张三力. 项目后评价 [M]. 北京：清华大学出版社，2000.

[127] 徐琳. 独立学院投资项目后评价的研究 [D]. 镇江：江苏科技大学，2005

[128] 投资项目可行性研究指南编写组. 投资项目可行性研究指南 [M]. 北京：中国电力出版社，2002.

[129] 国家发展改革委，中国建设部. 建设项目经济评价方法与参数 [M]. 3 版. 北京：中国计划出版社，2006.

[130] Eldukair Z A, Ayyub B. Multi - attribute Fuzzy Decisions Construction Strategies [J]. Fuzzy sets and Systems, 1992, 42 (2): 155 - 165.

[131] 彭小云. 系统节能评价观 [J]. 工业建筑，2004 (4)：31 - 32.

[132] 康佳楠. 浅析人口因素对中国能源需求的影响 [J]. 新财经（理论版），2011 (4)：370.

[133] 倪雪梅. 精通 SPSS 统计分析 [M]. 北京：清华大学出版社. 2010.

[134] 张德丰. MATLAB 神经网络应用设计 [M]. 北京：机械工业出版社，2008.

[135] Anselin L. Thirty years of spatial econometrics [J]. Papers in Regional Science, 2010, 89(1): 3 - 25.

[136] Tobler W. A computer movie simulating urban growth in the Detroit region. Economic Geography, 1970, 46(2): 234 - 240.

[137] Anselin L. Spatial Econometrics: Methods and Models [M]. Amsterdam: Geography and Economics Press, 1988: 78 - 86.

[138] 武康平. 高级宏观经济学 [M]. 清华大学出版社，2006.

［139］徐静，徐月清．基于空间面板模型的中国区域碳排放分析［J］．生态经济（中文版），2015，31（11）：32－36．

［140］Aghion P, Howitt P. A Model of Growth Through Creative Destruction［J］. Econometrica, 1992, 60(2): 323－351.

［141］赵巧芝，闫庆友，赵海蕊．中国省域碳排放的空间特征及影响因素［J］．北京理工大学学报（社会科学版），2018(01): 15－22.

［142］杨玲萍，吕涛．苏浙沪碳排放影响因素分解及比较分析［J］．当代经济管理，2011，33（5）：56－61．

［143］Liu Y, Xiao H, Zikhali P, et al. Carbon Emissions in China&58; A Spatial Econometric Analysis at the Regional Level［J］. Sustainability, 2014, 6 (9): 6005－6023.

［144］陈强．高级计量经济学及 Stata 应用［M］．北京：高等教育出版社，2014．

［145］李力，洪雪飞．能源碳排放与环境污染空间效应研究——基于能源强度与技术进步视角的空间杜宾计量模型［J］．工业技术经济，2017，36（9）：65－72．

［146］Lesage J, Pace R K. Introduction to Spatial Econometrics. New York［M］. Barcelona: Universitad Autonomade Barcelona Press, 2009: 23－64.

［147］侯新烁，张宗益，周靖祥．中国经济结构的增长效应及作用路径研究［J］．世界经济，2013（5）：88－111．

［148］王惠，王树乔．中国工业 CO_2 排放绩效的动态演化与空间外溢效应［J］．中国人口·资源与环境，2015，25（9）：29－36．

［149］马大来，陈仲常，王玲．中国省际碳排放效率的空间计量［J］．中国人口·资源与环境，2015，25（1）：67－77．

［150］胡渊，刘峻峰，胡伟，等．中国碳排放强度的区域差异、趋势演进与影响因素分析——基于30个省（市、区）1997－2012年面板数据［J］．资源与产业，2016，18（5）：7－13．

［151］赵桂梅，陈丽珍，孙华平，等．基于异质性收敛的中国碳排放强度

脱钩效应研究［J］. 华东经济管理，2017，31（4）：97 - 103.

［152］H. J. Zimmermann, Fuzzy Set Theory and Its Application, 2nd Revised Edition. ［M］. Boston: Kluver Academic Publisher, 1991.

［153］胡永宏，贺思辉. 综合评价方法［M］. 北京：科学出版社，2000.

［154］G. J. Klir & B. Yuan. Fuzzy Sets and Fuzzy Logic: Theory and Application ［M］. Upper Saddle River: Prentice - Hall Inc., 1995: 122 - 147.

［155］陈守煜. 工程模糊集理论与应用［M］. 北京：国防工业出版社，1998.

［156］蔡锁章. 数学建模原理与方法［M］. 北京：海洋出版社，1999：234 - 243.

［157］翟雪梅，李长玲. 德尔菲法及其在创建知识共享型企业中的应用［J］. 现代情报，2006（09）：185 - 188.